Another World
You Create For Me.

KB013017

mellow

05. Artistic

From. Director

GREETING

오래 전, 어린 조카와 사는 이모에게서 들은 이야기다. 어느 겨울 날, 창문 밖으로 함박눈이 펄펄 쏟아지는 걸 보며 조카가 반짝이는 눈으로 이렇게 말했다. "이모! 집이 하늘 위로 올라가" 나는 그게 무슨 뜻인가 고개를 갸웃하다가 이내 무릎을 탁 치며 웃었다. 그리고 자유롭게 세상을 바라보는 순진무구한 아이의 시선에 새삼 감탄했다.

어린 아이와 반려동물은 순수한 영감을 전달하는 예술적 존재가 되곤 한다. 그들의 천진난만한 감각이 시시한 일상을 특별하게 변화시키고, 그러한 조각들이 모이고 모여 새로운 세상이 펼쳐진다. 나 역시, '무생물'인 양말과 파우치가 우리집 강아지에게는 '살아있는' 친구가 된 순수하고 기묘한 세계를 경험하고 있다.

아티스트와 그들의 반려동물에겐 일상의 모든 것이 예술이 된다. 그들에게 고양이와 강아지는 새로운 감각을 일깨우는 매개체이며, 소중한 추억을 영원의 영역에 새길 방법을 고심하게 만드는 존재들이다.

멜로우 5호는 반려동물과 함께하는 예술가들의 이야기를 담았다. 그리고 어쩌면 창조된 순간부터 모든 것이 예술이라는 우리 모두의 이야기가 담겼을지도.

디렉터 **김은진**

숨 죽인 채 다가선다. 조심스럽게, 발 끝을 세워가며. 침 한 번 꿀꺽 삼키고 떨리는 손을 뻗는다. 가녀린 곡선에 생기를 불어넣은 순백의 숨결. 그리고 매혹적으로 쏟아지는 푸른 스포트라이트. 나 기꺼이 당신의 노예가 되겠소. 바라건대 부디 깨지지만 말아주시오.

김덕호&이인화 – 백자 도예가

에디터 박재림 / 사진 김덕호, 이인화 @deokho_inhwa

WHITE AND BLUE

우아한 순백과 매혹의 파랑, 당신 역시 마음을 빼앗기리라

도예 공방 <스튜디오 소만>으로 초대해 주셔서 감사합니다.

안녕하세요, 도예가 부부 김덕호-이인화입니다. 강원도 양구에서 근 10년째 백자를 만들며 살고 있어요. 스튜디오 소만의 1층은 작업실이고 2층은 전시실 겸 주거 공간입니다. 저희집 대장님도 인사를 하고 싶으시대요. 길고양이 시절, 처음 만난 저희에게 덜컥 자신을 맡긴 '진주'입니다. 저희가 간택 당한 거죠(웃음). 반려동물 매거진 인터뷰로 '공식 데뷔' 하는 날이라 우리 진주가 많이 떨린다네요, 하하.

어떤 계기로 양구에 터전을 잡으셨나요?

덕호 : 먼저, 저희 부부는 서울대학교-대학원에서 도예를 전공하는 선후배로 인연을 쌓아 서로의 반려자가 되었습니다. 그리고 2015년 양구 방산면에 위치한 양구백자박물관의 연구소 선임연구원으로 함께 들어왔죠. 방산면은 '양구 백토'가 매장된 곳이기도 합니다. 이곳 백토(白土)는 이름처럼 하얀 흙이면서, 찰기가 있고, 1300도 이상 고온도 견딜 수 있어요. '백자가 되기 위해 태어난 흙'이랄까요? 실제로 약 400년 전부터 왕실과 귀족을 위한 백자의 재료로 쓰여왔고요.

인화 : 방산면은 명칭부터 사방 방(方) 뫼 산(山), 사방이 산으로 둘러싸인 동네에요. 하얀 겨울이 가장 일찍 찾아오는 곳이구요. 다른 도시와 비교해 낙후된 곳이지만, 조용히 백자에 집중하기엔 그만한 데가 없어요. 그렇게 5년 간 박물관 내 레지던스에서 물레를 돌리다 2020년 이곳 박수근마을에 스튜디오를 짓고 들어왔습니다. 처음엔 아무런 연고 없이 발을 들인 양구인데, 살아보니 '백자 노예'인 저희 부부에게 퍽 어울리는 도시입니다.

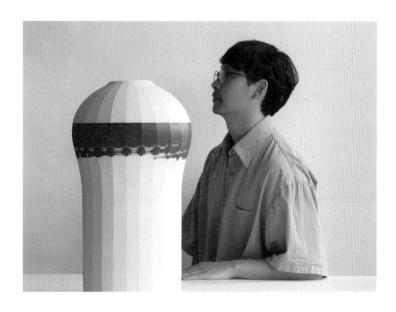

백자처럼 하얀 반려묘 진주와 묘연도 궁금합니다.

인화 : 2018년 7월이었어요. 백자박물관 근처 마을에서 김밥을 파는 할머님들이 계셨는데, 웬 고양이 하나가 김밥 재료를 얻어먹고 있더라고요. 저희한테도 살갑게 다가와서 몸을 비비는 거예요. 목줄은 했는데 삐쩍 마르고 꾀죄죄한 꼴을 보니 누군가에게 버림 받은 것 같더라고요. 할머님들도 비슷한 얘기를 하셨구요. 일단 백자박물관 연구소로 데려와서 돌보기 시작했어요. 할머님들께서 부르시던 이름 그대로 진주라고 부르면서 말이죠.

덕호 : 동물병원에 데려가니 고양이 몸에 기생충이 엄청 많다며 최소 6개월은 밖에서 지낸 것 같다고 하셨습니다. 이빨도 많이 마모된 상태라 정확한 나이 역시 알기 어렵다고 하셨고요. 반려동물은 처음이라 고양이 공부를 많이 했습니다. 진주가 길에서 너무 고생을 하면서 산 것 같아 실내에서만 지내도록 하려고 했는데 너무 힘들어하더라고요. 답답한지 현관문을 열어 달라고 계속 울더군요. 어쩔 수 없이 마당냥이로 키워야 했죠.

인화 : 매일 진주와 함께 자연 속에서 산책 할 수 있는 건 정말 좋았어요. 진주가 여자친구와 꽁냥꽁냥하는 모습을 보는 것도 재미있었죠. 그런데 진주가 다른 수코양이한테 얻어맞고 오는 날이 많아서 속상하더라고요. 또 한 번은 밖에서 뭘 잘못 먹었는지 집에서 와서 아무 것도 먹질 못해서 결국 병원 신세를 졌죠. 매우 위독한 상황까지 갔어요. 어렵게 건강을 회복한 뒤로는 실내에서만 생활하는 고양이가 됐습니다.

두 분의 작품을 보면 새하얀 배경에 깃든 푸른색 '포인트'가 인상적입니다. 그 조합이 푸른색 눈을 가진 흰 고양이, 진주를 보는 듯 하구요.

인화 : 저희도 신기해요. 그래서 진주를 만나고 가족이 된 게 '운명'처럼 느껴져요. 백자의 세계에서 흰색과 파란색은 가장 클래식한 조합이자 가장 사랑받는 조합이에요. 마찬가지로 우리 진주 역시 사랑받기 위해 태어난 고양이인 것 같아요.

덕호 : 하얀 흙이라는 것 자체가 매력적이죠. 철분 등 불순물이 없어야 백토가 가능해요. 그리고 파란색은 백자계에서 가장 고귀한 색으로, 금색·은색보다도 위에 있는 컬러입니다. 유럽 등 서구에서도 흰색과 청색을 백자의 심벌(Symbol)로 떠올리죠. 저희는 두 색깔의 조화를 위해서 '연리(連理) 기법'을 사용합니다. 백토와 코발트 섞은 백토, 두 가지 흙을 함께 빚어내는 방식이지요.

진주가 선반 위 전시된 백자 사이를 돌아다니고 있어요. 그걸 보고 있으니 마음이 조마조마해요. 고양이는 앞발로 높은 곳의 물건을 떨어뜨리기로 유명한데….

덕호 : 하하, 걱정하지 않으셔도 됩니다. 도예 공방 고양이답게 진주는 지금껏 백자를 깨뜨린 적이 한 번도 없으니까요. 이따금 넓은 백자 그릇 안에 쏙 들어가거나 몸을 기대는 게 전부죠. 오히려 백자를 굽는 가마를 좋아해서 걱정이에요. 박물관 연구소 시절 가마 안에 들어가서 숯검정을 뒤집어쓴 적이 있었거든요. 이곳으로 이사 온 뒤로는 1층 작업실은 '진주 출입금지 구역'으로 막아두었지요.

인화 : 퇴근시간이 밤 10시인데요, 그 시간이 지나도록 저희가 2층으로 올라오지 않으면 진주가 1층으로 내려와서 작업실 문을 톡톡 두드려요. 빨리 퇴근하고 놀아 달라는 거죠. 그제서야 백자의 노예들도 비로소 손을 털 수 있답니다(웃음). 작업도 중요하지만 그 외의 일상과 여가를 잘 보내는 것도 중요하다는 걸, 진주 덕분에 알게 된 것 같아요.

저희는 번갈아 가며 휴식일을 가져요. 그날은 둘 중 하나만 작업을 하는 거죠. 하루는 남편이 쉬는 날, 잠깐 2층 안방에 들렀는데 남편과 진주가 부부처럼 손을 꼬옥 잡은 채로 자고 있는 거예요. 참 나, 서로를 어찌나 사랑하는지…(웃음).

덕호 : 에이, 당신도 똑같아. 볼 때마다 진주 손잡고 잠들어 있던데 뭘.

김덕호&이인화

진주가 사용하는 밥그릇과 물그릇도 직접 만드신 거죠?

덕호 : 네, 맞습니다. 실험적으로 만든 습작 등 이전에 만들어 놓은 백자 그릇들 중에서 진주가 가장 편하게 먹을 수 있는 높이의 것들을 사용하고 있어요. 다시 말해 처음부터 고양이 식기로 쓰려고, 진주를 떠올리며 만든 건 아니에요. 가장 적당한 백자 그릇에 사료를 담았고, 그 순간부터 그것이 진주의 밥그릇이 된 거죠.

말씀을 듣고 보니, 두 분의 작품은 여러 가지 이름을 가질 수 있을 것 같아요. 무엇을 담느냐에 따라서 말이죠.

인화 : 저희는 '기(器)의 형태를 가진 예술품'을 조각하는 사람들이라고 생각해요. 저희가 만드는 것들은 일상의 범주에 있기에 용도는 끝도 없이 늘어날 수 있어요. 사용하는 사람의 선택에 따라 꽃병이 될 수도 있고 물병이 될 수도 있죠. '첫 손주를 목욕시킬 욕조'로 쓰실 거라며 백자 대야를 구매하신 분도 있었어요. 순수 관상용으로, 눈으로만 즐기는 분도 계시고요. 물건을 보내면서 저희끼리 '시집보낸다'는 표현을 하는데 어떤 이에게 가서, 어떤 모습으로 완성될지 궁금해요.
하루는 진주가 백자 대야에 쏙 들어가 있더라고요. 더운 여름이라 몸을 대고 있으면 시원했던 모양이에요. 덕분에 그날 그 대야는 '진주의 여름 침대'로 완성될 수 있었던 거죠!

도예와 고양이의 공통점은 무엇일까요?

덕호 : 흐음…… 다루기 어렵다?!

인화 : 우와, 딩동댕! 그게 정답인 거 같아요.

덕호 : 흙 중에 가장 까다로운 것이 도예에 쓰이는 흙이에요. 잘 갈라지고, 불에 반응하기도 하고. 제 마음대로 안 되는 경우가 많죠. 고양이도 그런 것 같아요. 저희에겐 첫 반려동물이라 더 그런 것일 수도 있지만, 진주를 보살피며 신경 쓸 게 정말 많다는 걸 실감했거든요. 말이 통하지 않으니까 얘가 울 때 도대체 왜 우는 건지 알 수도 없고…

인화 : 그럼에도 너무 사랑스럽지요! 고양이도, 백자도.

덕호 : 까다롭지만 그만큼 성취감이 크다는 것도 둘의 공통점이네요(웃음).

MORE DRAMATIC THAN A MOVIE

이희섭 – 영화 감독

에디터 박재림 / 사진 이희섭 @sup_er_cat

집사 될 결심

시놉시스 Synopsis
영화 속 고양이를 보며 자란 소년이 영화 감독의 꿈을 이뤘다. 반려묘와 이별에 아파했지만 상처를 치유해준 존재 역시 고양이. 그들의 모습을 카메라에 담는 사이 다시금 영화 같은 삶을 살아간다. 다큐멘터리 영화 <고양이 집사>의 메가폰을 잡은 이희섭 감독 얘기다.

오프닝 크레디트 Opening Credit

2020년 개봉한 <고양이 집사>는 반려묘, 그리고 길고양이를 돌보는 사람들의 이야기를 담았다. 춘천, 서울, 성남, 부산, 파주 등 전국의 고양이와 애묘인을 만날 수 있다. 촬영 감독으로 10년 이상 경력을 쌓은 이희섭 감독의 첫 단독 연출작이기도 하다.

이 감독은 지방 소도시(경북 문경)에서 태어나 어린 시절을 보내면서도 비교적 윤택한 문화 생활을 할 수 있었다. '얼리어답터' 아버지가 VHS비디오를 들인 덕분에 집에서 다양한 비디오테이프 영화를 보며 자랐다. 자연스럽게 장래희망으로 영화 감독을 꿈꾼 소년은 성인이 되어 관련 아카데미와 대학원에서 연출 및 촬영 공부를 했다.

"어린 시절 영화를 보며 가장 인상적이었던 게 뭔지 아세요? 바로 일본영화 속 고양이였어요. 강아지도 아닌 고양이를 집에서 키우는 모습이 생소하면서도, 주인공과 반려묘가 교감하는 장면을 보면 마음이 따스해졌어요. 마침 당시 동네 길고양이가 저희 집으로 자주 놀러 와서 챙겨 주기도 했죠. 돌아보면 영화 감독이 되겠다는 마음엔 고양이의 존재도 큰 영향을 끼친 것 같아요."

2010년 우연히 만난 새끼 고양이 '히로'와 '히나'를 영화인 동료와 함께 돌보기도 했다. 업무 특성상 집을 비울 때가 많다 보니 서로 번갈아 가며 반려를 하다, 환경이 더 나아진 동료가 주도적으로 맡아서 키웠다. 이 감독은 시간이 날 때마다 그곳을 찾아가서 고양이들을 돌봤다.

필모그래피 Filmography

충무로에 데뷔한 2004년부터 2022년 현재까지 이희섭 감독이 참여한 서른여섯 편의 작품 중에는 펫로스를 다룬 <어떻게 헤어질까>, 젠더 이슈를 비유적으로 풀어낸 <캣데이 애프터눈>처럼 고양이가 등장하는 영화도 있다. 해당 작품 촬영 때는 고양이에 관해 잘 아는 이 감독이 적극적으로 의견을 냈다.

"고양이는 낯선 곳, 낯선 사람을 경계한다는 걸 아니까 최소한의 스태프로, 최대한 빠르게 촬영을 했죠. 구체적인 움직임, 그러니까 '연기'가 필요할 때는 짜 먹는 간식으로 유인을 하구요. 고양이가 주제인 영화가 아니어도 야외 촬영 중 우연히 길고양이가 프레임 안으로 들어오면 그대로 살리는 편입니다. 저만의 이스터에그(Easter Egg)라고나 할까요?"

시나리오 Scenario

2016년 가을, 이 감독은 충격적인 소식을 듣는다. 고양이 히로가 무지개다리를 건넜다는 것. 그는 "가슴이 찢어졌다. 길거리의 고양이만 봐도 히로가 떠올랐다. 나 때문에 이런 일이 생긴 것 같았다. 다시는 고양이와 함께할 자격이 없는 사람이라고 생각했다"고 당시를 되돌아봤다. 펫로스에 번아웃까지 겹친 그는 영화인 생활을 접을 생각까지 했다.

그러던 중 다큐멘터리 영화 <나는 고양이로소이다>를 연출한 조은성 PD를 우연히 만났고, 고양이 영화를 찍지 않겠냐는 제안을 받았다. 처음엔 거절했지만 고심 끝에 마음을 바꿨다. 반려생활의 책임감을 메시지로 담아, 자신과 같은 실수를 하는 집사가 더 이상 없기를 바랐다. 하늘에서 지켜볼 히로를 위한 선물이 될 수 있겠다는 생각도 했다.

촬영 Filming

자료 조사 중, 강원도 춘천의 한 마을에서 '고양이 동네' 조성을 준비한다는 사실을 알았다. 그 과정을 담은 다큐멘터리 영화를 구상, 2018년 4월부터 본격적인 촬영에 들어갔다. 연출자이자 촬영 감독으로 취재를 하고 카메라를 들고 뛰었다. 고양이와 그 주변 사람들을 담는 동안 가슴의 상처도 조금씩 아물었다.

그 사이 고양이 동네 조성 사업은 지지부진한 진행 끝에 무산이 됐다. 주 내용을 바꿔야만 했다. 이 감독은 관청이 아닌 주민이 주도적으로 길고양이를 돌보는, '진짜 고양이 동네'를 만들어가는 이야기에 주목했다. 도시에서 점차 터전을 잃어가는 고양이들과 그런 그들을 각자의 방법으로 챙기는 '보통 집사'들이 주인공이었다.

그들의 모습을 보다 생생하게 담기 위해 경량 캠코더로 촬영을 했다. 화질 대신 화각과 기동성에 특화된 캠코더를 항상 손에 들고 다녔다. 그리고 또 하나의 준비물, 그것은 바로 '기다림'이었다. 미리 길고양이와 사람들의 동선을 파악한 뒤 눈에 띄지 않는 곳에서 그들이 나타나기만을 조용히 기다렸다. 누구도 카메라를 의식하지 않고 자연스럽게 일상의 모습을 보여주길 바랐기 때문이다.

"고양이가 나타나면 일단 그대로 멈춰요. '무궁화꽃이 피었습니다' 놀이를 할 때처럼 말이죠. 그리고 서서히 몸을 낮춰서 앉습니다. 고양이에게 위협적인 존재가 아님을 알리는 동시에 그들과 눈높이를 맞추는 거예요. 그때까지 고양이가 도망가지 않고 자신의 행동을 이어가면 촬영 성공입니다. 언젠가는 고양이와 10분 넘게 눈싸움을 한 적도 있어요. 서로 그 자리에서 대치(?)를 한 거죠. 어찌나 다리가 저리던지…(웃음)."

자동차 아래 자리를 잡은 고양이를 찍으려 길에 바짝 엎드려 촬영한 것도 부지기수. 옷이 더러워지는 건 생각할 겨를도 없었다. 그렇게 1년의 촬영을 마무리한 그날은, 마침 히로의 생일이었다. 무사히 촬영을 마칠 수 있었던 것을 이희섭 감독은 저 하늘에서 히로가 도와준 덕분이라고 믿는다.

캐스팅 Casting

이 감독은 영화 촬영 중 인연을 맺은 한 사람으로부터 어느 고양이의 사연을 들었다. 생후 2개월 만에 유기, 입양 후 파양, 반복된 임시보호 등으로 고난을 겪은 녀석이었다. 지인은 '임보'를 부탁했지만 사실상 '입양'을 의미한다는 것을 이희섭 감독은 이미 알고 있었다. 떠나보낸 히로를 꼭 닮은 치즈 고양이라 마음이 너무 시렸지만, 히로를 꼭 닮았기에 결정을 내리기 어려웠다.

"마침 촬영을 거의 마친 시기였고, 편집 작업은 주로 집에서 하기 때문에 '임보'라는 걸 강조하면서 녀석을 데려왔어요. 어릴 때 묶여 지냈는지 목에 상처가 있더라고요. 사람을 엄청 경계한다고 들었는데 저에게는 금방 마음을 열더군요. 운명이구나, 싶어서 입양을 결정하고 '레니'라는 이름을 붙여줬어요. 좋아하는 뮤지션 레니 크라비츠처럼 남자답게 당당하게 살라는 의미로 말이죠."

레니를 입양하면서 영화의 구성에도 변화가 생겼다. 레니를 '캐스팅'해서 영화의 화자(話者)로 삼았다. 레니의 목소리는 내레이션으로 참여한 임수정 배우가 맡았다. 이희섭 감독은 "레니가 카메라를 들이대니 평소엔 보여준 적 없는 애교를 떨더라. 최고의 연기파 배우"라고 웃으며 "임수정 배우님도 레니의 성격을 잘 살려서 내레이션을 해주셨다"고 감사 인사를 전했다.

엔딩 크레디트 Ending Credit

이희섭 감독은 레니가 배우 뿐 아니라 편집 스태프로도 기여했다고 말한다. 가편집 중 선택의 순간이 생길 때마다 레니에게 물어보고 "냥"하고 소리를 내는 장면으로 결정을 했다며 웃었다. 완성된 영화를 보여주자 열심히 지켜보며 고양이 소리에 반응하기도 했다고. "레니는 최고의 관객이자 조언자이며 영화 <고양이 집사> 그 자체"라고 말하는 이 감독은 팔불출 반려인 그 자체였다.

둘째도 생겼다. 레니 입양 때 다리를 놔준 지인이 구조한 고등어 태비 '미카'를 2020년 여름 품었다. 두 고양이의 집사가 된 이희섭 감독은 그만의 규칙을 만들었다. 1회 촬영 기한은 절대 이틀을 넘기지 않는다는 것. 이전의 실수를 반복하지 않기 위해, 또 '영화인'만큼이나 '반려인'이라는 정체성 역시 굳건하게 지키기 위해서다.

쿠키 영상 Credit Cookie

"저는 고양이 집사였으나, 고양이 집사가 아니게 되면서 영화를 포기하려 했습니다. 그리고 영화 <고양이 집사>를 찍으며 다시 고양이 집사가 되었고 영화를 놓지 않을 수 있었습니다. 주변에서 이 참에 '고양이 영화 전문 감독'이 되라고들 해요. 마침 지금도 <인생은 고양이처럼>이라는 제목의 웹 드라마를 촬영 중이죠. 그리고 고양이 영화 시나리오 역시 준비하고 있어요. 히로와 레니, 미카… 그동안 인연을 맺은 모든 고양이들에게 바치는 작품을 말이죠."

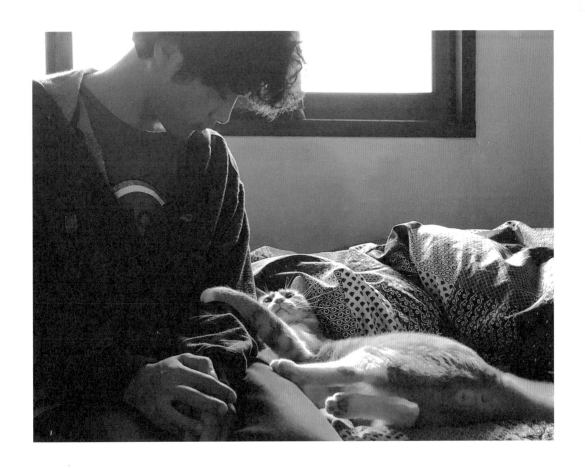

순간을 포착하기 가장 알맞은 셔터의 속도, 1/8000초의 셔터 스피드는 흐르는 시
간까지 잡아낸다. 포착을 위한 준비가 끝나면 몸을 낮춰 호기로운 시선과 마주한다.
피사체는 기다렸다는 듯 달리기 시작한다. 우연이 필연으로 거듭나는 순간이다.

1/8000초를 달리다

My Muse That Came By Chance

SERGEY PUPONIN – 포토그래퍼

글·사진 세르게이 푸포닌 @cute_ginger_cat / 에디터 최진영

뷰파인더에서 눈을 떼질 않으시네요(웃음). 무엇이 작가님을 사진의 세계로 이끈 걸까요?

안녕하세요. 자연과 동물 그리고 반려묘 '진저'를 사진으로 남기고 있는 세르게이 푸포닌입니다. 사진이 세상을 바라보는 시각을 변화시킨다는 점이 마음에 들어요. 세상과 소통할 수도 있고, 긍정적인 영향을 주고받을 수도 있죠. 또 여행을 즐기고 기록하는 것도 좋아하는데요. 때로는 장소를 기록하는 그 과정이 저를 더 큰 모험으로 이끌기도 한답니다. 사진은 더욱 많은 경험을 얻을 수 있게 하는 통로이자, 다양한 감정들을 느낄 수 있게 만드는 최고의 방법입니다.

작가님의 작품들 중 유독 고양이 사진들이 많아요. 고양이를 찍게 된 계기가 궁금해요.

사진의 주인공인 진저는 반려묘이자 훌륭한 피사체입니다. 처음 진저를 찍게 된 계기는 제가 느끼는 좋은 감정들을 나누고 싶었기 때문이에요. 진저의 사진을 통해서 즐거움을 나눈다면

다 함께 행복해질 수 있을 것이라 생각했거든요. 진저는 매우 순하고, 재밌고, 진심으로 사랑을 나눌 줄 아는 고양이에요. 그래서 더욱 진저의 모습을 사람들과 나누고 싶었어요.

진저의 사진이 굉장히 역동적인데… 혹시 야생동물 사진가인 작가님만의 비법이 있을까요?

사실 진저는 사진 연습을 도와주기도 해요(웃음). 제일 선호하는 렌즈는 장거리에서도 피사체를 확대해 찍을 수 있는 '70-200mm 2.8'입니다. 카메라 보디로는 N사의 D850과 Z9 모델을 사용하고 있죠. 야생의 동물을 찍을 때는 두 대의 카메라를 사용하는 게 좋습니다. 하나는 전체적인 원경을 촬영하고, 나머지 하나는 가까운 거리의 근경을 찍을 때 사용하죠. 야생동물을 잘 찍기 위한 비법은 사실 간단해요. 본인이 할 수 있는 가장 낮은 자세를 취하고, 집중해서 원하는 움직임을 기다려야 합니다. 야생 동물들은 항상 사냥을 하기 위해 움직이고 있으니까요!

작업을 할 땐 확고한 기준이 필요하기도 합니다. 작가님만의 철학이 있나요?

평범한 것에서 볼 수 있는 아름다움을 탐색하는 것입니다. 사진은 우리의 시각을 풍부하게 만들고, 어떠한 가치에 초점을 맞출 것인지 선택하게 합니다. 그래서 야생 동물에 초점을 맞췄어요. 야생의 동물들은 매우 아름답고, 소박하며, 순수한 감정들을 느끼고 있다고 생각해요. 야생에서 촬영하는 것 또한 매우 흥미롭습니다. 자연 속에서 촬영을 하다 보면 카메라를 내려놓고 싶어져요. 광활한 경관에 오롯이 자연과 함께하고 싶어지거든요. 사진이 저를 다시 현실로 데려오기 전까지 말이죠.

작업을 할 때 피사체를 단번에 포착하진 않아요. 동물의 움직임을 따라서 셔터를 누르고 그 중 베스트 컷을 선택합니다. 순간

의 우연을 찾는 과정이 가장 큰 부분이라 할 수 있습니다.

카메라가 꺼지면 진저와 어떤 시간을 보내나요?

많은 시간을 진저의 베개가 되어 보낸답니다(웃음). 진저는 사람들과 시간을 보내는 걸 즐거워해요. 사람들이 음식을 먹을 때면 킁킁대며 냄새를 맡아보기도 하는데, 달콤한 멜론 향을 제일 좋아하죠.

대부분의 시간을 집에서 보내지만 하루에 두세 번 정도는 마당에 나가 자기의 영역을 확인하고, 놀기도 해요. 사실 전 고양이한 마리를 더 키우고 있습니다. 바로 미스터 블랙이죠. 미스터 블랙은 진저가 오기 전부터 키운 고양이인데, 둘은 떼려야 뗄 수 없는 사이좋은 친구랍니다. 항상 함께 마당을 탐험하고 휴식

시간을 보내요.

진저와의 많은 추억들을 사진으로 남기셨잖아요. 그 중 기억에 남는 순간이 있을까요?

기억에 남는 사진을 고르는 건 너무 힘들지만… 진저가 자신의 감정을 표현하는 순간들을 가장 좋아합니다. 햇살 위에 앉아 주위 냄새를 맡을 때면 진저는 평온한 느낌인 것 같아요. 그 순간의 진저는 굉장히 차분하고 세상 모든 것을 통달한 고양이처럼 보이기도 합니다. 그래서인지 햇살 아래 시간을 보내는 진저의 모습을 담은 사진들이 가장 기억에 남네요.

진저의 사진을 통해 남기고 싶은 메시지가 있을 거 같아요.

사람들은 종종 진저가 어떤 고양이고, 어떻게 데려왔는지 물어봐요. 그럴 때면 진저는 그냥 평범한 고양이이고, 길에서 데려왔다 이야기하죠. 진저는 저를 만나기 전까지는 길거리를 배회하던 신세였습니다. 그래서인지 주변 사람들이 고양이를 키울까 고민할 때는 어려운 상황에 있는 고양이를 입양해라 추천하기도 합니다. 어떤 고양이인지, 어디서 데려왔는지는 중요하지 않으니까요. 진저는 그 자체만으로도 매우 의미 있는 고양이에요. 진저와 함께한다면 항상 즐거움으로 가득 찬 순간들을 만들기 때문이죠. 진저가 La dolce Vita(달콤한 인생)의 마스터는 아닐까 생각이 들 때도 있습니다(웃음). 매 순간을 음미하고 달콤한 일상을 전하니까요. 앞으로도 진저가 전하는 이 행복을 전세계 사람들과 나누고 싶어요.

행복했다오

이 세상을 떠나는 날, 힘겨운 몸을 내려놓는 날.

이 마지막을 그대의 품에서 보낼 수 있어서 감사해

몸이 떠오르는 것 같아, 자유론 나비처럼 저 빛을 따라 걸어가 (그대는 아치처럼)

웃지말아요 그대, 내 사랑아 그대를 만나 나는 정말 행복했어요.

언젠가 무언가 다시 만나요 우리.

권봄 – 싱어송라이터

에디터 박재림 / 사진 권봄 @jiyoung_kwonbom

FOOTPRINTS ON THE MUSIC NOTE

악보 위 발자국

새하얀 눈 위를 우다다 달린다. 조그마한 발자국이 춤추듯 이어지더니 이내
악보로 완성된다. 이윽고 울려 퍼지는 선율, 작은 것들을 위한 시(詩). 싱어송
라이터 권봄의 음악노트는 이처럼 낮은 곳에 펼쳐져 있다. 아끼는 것일수록
'손 닿지 않는 곳'에 두는 다른 어른들과 다르게.

**"우리 담임 선생님은요,
고양이 노래를 만드는 가수예요."**

서울 한 초등학교. 2학년, 아홉 살 어린 학생들이 입을 모아 소리친다. 교직 생활을 하는 초등교사이자 데뷔 9년차 음악인인 오늘의 주인공이 방긋 웃는다. 아이들의 말처럼, 수업시간 학생들을 가르치던 '김지영 선생님'은 방과 후 '싱어송라이터 권봄'이 되어 인터뷰에 응했다.
"어릴 때부터 음악에 관심이 많았어요. 6살 때부터 피아노를 쳤고, 초등학교 4학년부터 졸업할 때까지 합창단도 했어요. 대학 시절, 여러 인디밴드의 보컬을 맡으며 곡도 만들었죠. 전문적인 교육을 받은 건 아니지만 자연스럽게 '체화'한 덕분에 나름대로 작사, 작곡을 할 수 있었던 것 같아요. 교사가 된 후로도 계속 관심을 쏟던 중 2013년 한 재즈밴드의 객원 보컬 제의를 받았습니다."

2014년 12월 발표한 데뷔곡 <기다릴 밖에>는 보사노바의 이색적인 리듬과 더불어 독특한 가사로 눈길을 끌었다. '보송보송 하얀 발이/동그란 내 분홍코가/먀옹먀옹 목소리가/새침한 내 입맞춤이/마법구슬 눈망울이' 등 가사를 통해 화자(話者)가 고양이임을 알 수 있다. 음악계에 자신의 이름을 알리는 곡으로 고양이 노래를 택한 이유는 무엇이었을까.
"사실 데뷔하기 전, 대학 시절 만든 곡이에요. 고등학생 때 친구네 고양이 새끼를 입양해 키운 적이 있어요. 3년 반 정도 가족과 함께 반려했는데 그만 일찍 무지개다리를 건넜죠. 이후 길고양이들이 눈에 밟혀서 챙겨주는데 한 녀석이 다가와 야옹야옹 하더라고요. 마치 무슨 전한 말이 있는 것처럼 서럽게…"
누군가에게 버림받은 듯한 그 고양이에게서 영감을 얻었다. 그럼에도 하염없이 반려인을 기다리는 내용의 가사를 붙여 곡을 만들고, 대학 시절 활동한 인디밴드에서 노래를 불렀다. 그게 인연의 끈이 된 것인지 2011년 봄 코리안쇼트헤어를 입양했다. 그렇게 만난 '봄이'를 반려하는 사이 데뷔 기회를 얻었다. 예명 역시 고양이들의 메시지를 대신 전하겠다는 마음으로 봄이의 이름을 따서 지은 것이었다.

반려묘를 향한 솜사탕 같은 감정이 고스란히 전해지는 곡이 바로 세 번째 싱글 <안녕, 고양이>다. 봄이의 동생 격으로 2013년 가을 입양한 둘째 '가을이'와의 추억도 꾹꾹 눌러 담았다. '어떻게 내게 와 주었을까/기적 같은 이야기'라는 가사에서 반려의 행복, 소소한 경이로움들로 채워진 일상의 기쁨이 엿보인다.

"퇴근하고 돌아와 고양이들을 안으면 감격적이더라구요. 누군가 나를 이렇게 기다려주고 있었구나, 싶어서 말이죠. 제가 시무룩하게 있으면 조용히 다가와 체온을 나눠주는 존재이기도 했어요."

행복도 잠시. 함께한 지 1년 만에 가을이가 고양이별로 떠났다. 복막염 때문이었다. 죄책감으로 눈물 짓는 그에게 주변 사람들이 위로를 건넸다. "시간이 지나면 다 괜찮아 질 거야." 생각해주는 마음은 고마웠지만 전혀 와 닿지도, 위안이 되지도 않았다. 그러던 중 한 지인이 말했다. 가을이도 당신과 함께할 수 있어 행복했을 거라고.

"그 말이 얼마나 슬펐고, 또 얼마나 위로가 되었는지 몰라요. 저도 가을이를 위한 노래, 반려동물을 먼저 보낸 사람들에게 위로가 되는 노래를 만들고 싶었습니다. 그렇게 나온 곡이 <행복했다오>예요. 반려동물이 직접 메시지를 전하는 형식이죠. 실제로 많은 분들이 이 노래가 힘이 되었다고 해주셔서 더 의미가 있는 곡이예요."

길고양이를 위한 곡도 꾸준히 만들었다. 두 번째 싱글 <Love Song>이 그 중 하나. "발정기 고양이의 울음소리를 사람들이 혐오하잖아요. 그런데 생각해보면 고양이에겐 너무나 자연스러운, 절절한 사랑 노래예요. 그 로맨스를 이해하고 전달하고 싶었죠. 노래를 할 때 의도적으로 끈적한(?) 느낌으로 불렀어요. 저는 마음에 들었는데 주변 지인들은 '그게 뭐냐'며 놀리더라고요, 하하."

방치된 아동과 길고양이
학대받고 소외된, 작은 것들을 위해

<사라지지 말아>, <나는 어디로>, <그대의 세상>, <Bye Bye>는 도시의 소외된 존재로서 길고양이의 애환을 노래한 곡들이다. 특히 <그대의 세상>은 로드킬(Road Kill)에 노출된 그들의 안타까운 현실을 반영한 작품. 학교로 출근 중, 사고로 운명을 달리한 고양이를 발견한 날이 모티프가 되었다고 한다.

"학생들도 등굣길에 그 고양이를 본 모양이에요. 다들 안타까워 하던 중 한 아이가 "선생님, 이곳은 사람의 세상이라서 고양이가 죽은 것 같아요"라고 말하더라구요. 어린 아이들 눈에도 이 세상은 사람들만을 위한 곳, 다른 생명들에게는 차가운 곳으로 보일 수밖에 없겠더군요. 그날 아이들과 '어떻게 해야 모두 함께 살아가는 세상이 될 수 있을까' 얘기를 나눈 기억이 나요."

그는 '사회적 약자'라는 면에서 어린이와 고양이가 비슷한 처지에 놓여있다고 말한다. 미발표곡 <이 겨울 지나 봄이 와>에서도 학대받고 방치된 아동과 길고양이를 겹쳐 보여주며 그들을 위로하고 더 나은 미래를 바라는 메시지를 담았다. 세상의 작은 것들을 향한 지속적인 관심과 애정은 고양이 가수이자 초등교사인 그에게 가장 확고한 정체성이리라.

그간 주요 장르로 활용한 재즈는 국내에선 상대적으로 비주류에 속한다. 재즈 전공자도 아니고, 밴드 멤버들의 도움으로 재즈의 요소를 살짝 가미했을 뿐이라며 조심스러워 한 그는 "낯설고 대중적이지 않다는 점, 즉흥적이라는 점이 고양이와 닮은 것 같다. 한 번 더 귀기울여 듣고, 한 번 더 바라보면 특유의 아름다움을 발견할 수 있다는 것도 공통점"이라고 말했다.

2018년 채유리 웹툰작가와 협업으로 고양이 재즈동화를 만든 경험을 바탕으로 최근 어린이용 고양이 그림책(출판사 샘앤파커스 올리)을 집필 중이다. 음악 작업도 꾸준히 하고 있다. 대학원에서 실용음악 전공으로 공부를 했고, 발표만 잠시 멈췄을 뿐 곡 작업도 진행 중이다. 그 중 한 곡을 살짝 들어볼 수 있을까.

"가사는 '남사친'과 '여사친'이 어느날 갑자기 묘한 감정을 느낀다는 내용인데, 사실 영감을 준 건 길고양이였죠. 아파트 단지에서 종종 보던 녀석이 별안간 졸졸 따라오더니 엘리베이터까지 같이 타는 거예요. 현관문을 열자마자 봄이의 하악질에 도망쳤지만…. 그날의 갑작스런 '간택'을 떠올리며 만든 곡이랍니다. 고양이를 주제로 한 드라마의 수록곡으로 딱일 것 같아요(웃음)."

A MUSE WITH BLUE EYES

류은지 – 일러스트레이터

글·그림 류은지 @eunji_room / 에디터 최진영

푸른 눈을 가진 뮤즈

푸른 눈을 가진 검정 고양이가 작가의 뒤를 졸졸 쫓아다닌다. 관심이 간절한 고양이는
발을 앙 물어보기도 하고, 무릎을 파고들기도 하고, 바삐 움직이는 붓의 끝을 쫓으며
장난을 치기도 한다. 드디어 작가의 시선이 검은 고양이에 닿았다. 초록 물감을 풀어
고양이를 그리면, 푸른 눈의 뮤즈는 숲보다 푸르른 한 폭의 그림이 된다.

안녕하세요, 작가님. 그 곁을 지키는 고양이도 안녕?
안녕하세요, 일러스트레이터이자 <고스트북스>라는 서점 겸
소규모 출판사를 운영 중인 류은지라고 합니다. 제 반려묘인 '쿠
로'는 내년에 13살이 되는 검정 고양이에요. 20대에 처음 만나
30대인 지금까지 함께하고 있어요. 쿠로는 독특한 점이 많은 고
양이에요. 입맛도 어찌나 까다로운지 맛있는 것만 골라 먹는답
니다. 심지어 자극적인 맛이 나는 간식은 입도 안 대는 미식묘
에요. 또 쿠로는 말도 많고, 무릎에 앉기도 좋아해요. 작업을 할
때마다 옆자리를 지키며 저를 감시해요. 지금도 옆에 앉아 저를
올려다보고 있고요(웃음).

**다양한 활동을 하신다고 들었어요. 하고 계신 작업들에 대해 설
명 부탁드려요.**
일러스트레이터로 활동하며 다양한 작품들을 남기고 있습니다.
작품의 소재들을 주변 환경 속에서 찾는 편이에요. 그림을 그리

면서 그때 느끼고 있는 감정을 작업에 반영하는 편이기도 하고
요. 그래서인지 고양이, 집, 책, 자연과 같은 소재들이 작품에 자
주 등장하게 되었어요. 집에서 그림을 그리다 보니 쿠로와 많은
시간을 보내곤 해요. 그러다 보니 자연스럽게 고양이의 입장에
서 생각을 하게 되더라고요. 일상 속 작고 소소한 생각이나 경
험들을 작품으로 담아내고 있어요.
작품 활동 외에도 여러가지를 하고 있는데요. 가장 중요한 작업
이라 하면 고스트북스를 운영하는 것이라 할 수 있어요. 고스
트북스는 그림을 그리는 저와 글을 쓰는 남편이 함께 운영을 하
고 있습니다. 서점에서는 단행본, 독립 출판물, 해외 서적 등 서
적들은 물론 작가분들의 다양한 작품들도 선보이고 있어요. 쿠
로를 담은 굿즈도 판매하고 있고요. 그 이외에도 정기적으로 북
토크, 전시 그리고 책 만들기 워크숍을 운영 중이죠. 출판도 꾸
준히 진행 중이에요. 이전에는 주로 저희의 작업물을 출간하곤
했는데, 그 범위를 넓혀 잡지, 작품집 등도 출간하고 있습니다.

작가님이 활동하는 곳 어디서든 쿠로를 찾아볼 수 있어요.

맞아요. 쿠로는 저에게는 너무나도 소중한 뮤즈랍니다. 포스터 중에 <Read Every Day>라는 작품이 있어요. 쿠로와 식물, 그리고 책이 등장하는데요. 제가 사랑하는 모든 것들이 담긴 작품이라 할 수 있어요. 많은 분들이 이 작품을 좋아해 주세요. 쿠로가 등장하기도 하고, 큰 사랑까지 받고 있는 작품이라 개인적으로도 뜻깊은 그림이에요. 이전에도 작품에 쿠로가 등장하긴 했지만 이 작품 덕에 쿠로의 인기가 더욱 상승하지 않았나 싶기도 합니다(웃음).

쿠로와 곁에 있는 치즈 고양이의 이야기도 궁금해요. 둘은 꽤 친한 사이 같아 보여요.

쿠로와 함께 있는 치즈 고양이는 '시로'에요. 시로는 몇 년 전 무지개다리를 건넜어요. 시로도 좋은 뮤즈였답니다. 쿠로와 시로는 자매 사이인데요. 언제부터 저의 작품에 뮤즈가 되었는지 정확히 기억은 나질 않지만, 아마 처음 만난 12년 전 여름부터 작품에 둘을 담고 있지 않나 생각이 들어요. 덕분에 좋은 작품을 많이 남길 수 있어서 고마웠다고 이야기해 주고 싶어요.

작품 속 서로를 향한 넘치는 애정이 느껴져요. 둘은 작가님에게 어떤 존재인가요?

쿠로와 시로는 저의 첫 반려묘에요. 그 둘을 통해 처음으로 사랑이란 감정을 알게 되었어요. 이전에는 사랑을 주고받는 방법을 몰랐어요. 쿠로와 시로를 만난 후에는 순수하고 맑은 마음으로 진심을 전하는 둘을 통해서 사랑을 배우게 된 것 같아요. 그래서인지 쿠로와 시로를 자꾸 관찰하게 되고, 바라보면 웃음 짓게 되고… 작품으로 남기기도 하고요. 저의 애정 어린 시선이 작업에 반영되고 있나 봅니다.

물을 넉넉히 사용하는 수채화 그림을 그리시죠. 맑게 채색이 되어서 그런지 쿠로와 시로가 더욱 생생하게 느껴져요.

예전에는 주로 아크릴 물감을 사용했었어요. 그러다 그때그때 떠오르는 생각이나 느낌들을 그려보고 싶어 작은 고체 물감과 수첩을 구입하게 되었죠. 휴대성이 좋으니 카페나 여행지 등 다양한 곳에서 그림을 그리게 되더라고요. 수채 물감은 색감이 가볍고 맑게 표현이 되어서 드로잉 하기에도 좋아요. 그리고 있는 주제들이 수채 물감의 특징과도 더 잘 맞기도 하고요. 현재는 수채화만 이용해 작업하고 있습니다.

Plant based life

일반적인 풍경을 그려도 작가님이 표현하면 색다르게 느껴져요. 작가님이 생각하시는 작가님 작품만의 특징이 있을까요?

사람들이 제 그림을 보고 하는 이야기 중에 가장 좋아하는 말이 있어요. 바로 '그림이 참 편안하다'라는 말이에요. 편안하고 아늑한 분위기가 작품의 특징이 되었으면 좋겠어요.

시골에서의 일상을 담은 에세이 만화집 <은지의 하루만화(2020)>를 그리셨어요. 무성영화처럼 그림으로만 진행되는 부분이 인상깊었어요.

<은지의 하루만화>는 시골 살이를 담은 일상 만화집이에요. 도

시에서 시골로 이사 온 후 겪게 되는 사소한 일상들을 담았어요. 평범한 일상이 주는 평온한 순간들을 따뜻하게 기록한 책이랍니다. 이 책에는 특이한 점이 하나 있는데요. 바로 말풍선이 거의 없다는 점이에요. 글을 읽기보다는 한 칸 한 칸 그림에 집중하며 감상하는 만화집이죠.

시골로 이사를 가게 되면서 보이는 풍경도 느끼는 감정도 조금씩 달라지셨다고요.

어릴 때부터 도시에서 살아서인지 새로운 환경을 경험하고 싶었던 것 같아요. 아주 오래전부터 자연과 가까이 살고 싶다는

로망이 있었어요. 조용하고 여유로운 곳에서 평화롭게 살고 싶었죠. 그러기에 대구는 최고의 지역이라 할 수 있어요. 차를 타고 30분만 가면 시골 동네가 있어서 도시로 출퇴근을 하면서 전원생활을 즐길 수 있거든요. 한 번 살아볼까 싶어 이사를 한 것이 3년 전이에요. 벌써 햇수로 4년차 시골살이 중입니다.

시골에 살면서 가장 좋은 점은 계절을 느낄 수 있다는 점이에요. 저는 여름을 그다지 좋아하지 않았는데 시골로 이사를 오고 난 후부터는 좋아하게 됐어요. 장마철에 비가 오고 난 후 짙어진 풀냄새가 마음을 평온하게 해주더라고요. 비가 오고 나면 숲

의 나무들은 한 뼘 더 자라고 잎사귀는 더욱 풍성해져요. 계절마다 자연이 변화하는 감각을 느낄 수 있어요. 이런 계절의 순환을 보면서 자연과 함께 사는 삶에 대해 많이 생각하게 되었어요. 그렇게 바뀐 태도나 가치관들이 작업에 반영되고 있습니다.

쿠로의 일상에도 많은 변화가 생겼을 것 같아요.

그렇죠. 이전에는 오피스텔에 살아서 창밖을 봐도 구경할 게 없었어요. 도로의 차 소리 때문에 창문을 열어 두지도 못했고요. 시골로 이사 온 후 쿠로는 이전보다 더 다양한 존재들을 보고

느끼고 있어요. 거실의 창가에 앉아 밖을 바라보고, 바깥 냄새를 맡기도 하고요. 쿠로도 바뀐 환경을 즐기며 잘 적응해 나가는 중입니다. 최근에는 옆집에서 닭장을 개방시켜서 저희 집에서도 닭들을 볼 수 있게 되었는데요. 쿠로도 사뭇 진지하게 닭들을 관찰하곤 한답니다.

독자들에게 이 책을 시처럼 읽어 달라고 말씀하셨는데요. 책을 시처럼 감상한다는 건 어떤 뜻인가요?
<은지의 하루만화>를 편집하면서 독자분들이 이 책을 어떻게 읽으면 좋을까 고민했어요. 이 책은 말풍선도 거의 없고 기승전결이 있지도 않거든요. 큰 사건이 없는 일상을 이야기하기도 하고, 심지어 아무 내용 없이 나무의 모양을 보여주는 챕터도 있고요. 그래서 독자분들이 책 속의 그림을 하나씩 천천히 봐 주시길 바랐어요. 시의 한 구절 한 구절을 곱씹듯이요. 한 장 한 장 시처럼 천천히 호흡하며 시골 생활을 느껴 주시길 바랍니다.

TUXEDO CHIC
FROM TAIWAN

A-Meow – 일러스트레이터

글·그림 에이뮤 @marketthecat / 에디터 박재림

까만 턱시도가 너무도 잘 어울린다. 지금껏 누구에게도 웃는 모습을 보인 적 없다는 시크함이 그대로 전해진다. 그런데 알고 보면 다양한 공익 활동에 적극적으로 참여한 따스한 반전 매력의 소유자. 대만에서 활동하며 중화권에서 인기몰이 중인 '마켓더캣(Market The Cat)'이 한국을 찾았다.

웰컴 투 코리아! 만나 뵙게 되어 반갑습니다.

닌하오(您好), 안녕, 대만에서 온 마켓더캣입니다. 줄여서 마켓, 한국말로는 '시장이'라고 하면 될 거 같아요. 저는 에이뮤(A-Meow)라는 필명을 쓰는 일러스트레이터 작가님의 손에서 태어났어요. 예전부터 고양이, 식물, 그리고 생활 속 여러가지 작고 귀여운 것들을 그리는 걸 좋아하는 분이에요. 그러다 2년 전(2020년) 다양한 색깔과 표정의 고양이를 그렸는데 가장 마음에 든 게 바로 저였다고 해요. '세상만사 자기는 아무 상관없는 일'이라는 듯한 시큰둥한 표정이 치명적인 매력으로 다가왔다나요? 뭐 저는 잘 모르겠지만(으쓱).

그 특유의 시크함이 많은 사람들의 마음을 확 끌고 있어요.

제 모습이 새겨진 티셔츠, 모자, 물컵, 달력, 가방, 우산, 손수건, 방석이 자주 눈에 띄는 걸 보면 뭐 인기가 없진 않은가 봐요. 아, 그러고 보니 지난 여름에는 홍콩의 쇼핑몰에 저를 모델로 한 커다란 조형물이 설치된 적도 있었어요. 에이뮤 씨도 이런 저런 행사에 초대되어 작품을 전시하느라 정신이 없는 것 같아요.

'시장이'라는 이름이 독특해요. 사연이 있나요?

일단 에이뮤 씨가 대만의 전통시장을 좋아해요. 활력이 넘치고 인간미가 가득한, 너무나도 친근한 장소래요. 또 시장을 다녀오면 언제나 창작의 영감을 얻는다고 했어요. 그리고 그곳에는 고양이가 많이 살고 있어요. 노점상의 절친한 친구이기도 한 고양이들은 시장을 돌아다니는 쥐를 잡기도 하고, 진열대 위에 누워서 나른한 낮잠에 빠지기도 해요. 내 고향도 전통시장이라고 작가님이 말해줬어요. 아, 이유가 또 하나 있어요.

그게 뭐죠?

에이뮤 씨가 집에서 키우는 반려묘의 이름도 '시장이'에요. 원래 길고양이였는데 2014년 입양을 했다고 하죠. 노란색과 하얀색 털이 예쁘게 어우러진 치즈 고양이입니다. 캐릭터인 저는 이곳 저곳 자유롭게 다니지만 진짜 고양이는 그러기 어렵잖아요? 그래서 작가님은 시장이와 함께 외출하는 상상을 자주 한다고 해요. 그러면서 창조적인 영감을 얻는대요.

노랗고 하얀 치즈 고양이라니… 당신 곁에서 종종 보이는 친구가 떠오르네요!

항상 웃고 있는 내 친구 '노랑이(Yellow)'를 말하는 거죠? 제대로

봤어요. 왜냐하면 작가님이 반려 고양이를 모델로 만든 캐릭터가 노랑이니까 말이죠. 작가님이 그러는데 반려 고양이의 외형은 노랑이를 닮았고, '쿨한' 성격과 이름은 나와 똑같대요. 다시 말해 에이뮤 씨는 실제로 키우는 고양이에서 영감을 얻어 우리를 만들어낸 거죠.

한국에선 고양이를 반려하는 사람을 '고양이 집사'라고 불러요.

대만에도 비슷한 표현이 있습니다. 이곳 사람들은 고양이를 '황제'라고 부르고, 고양이를 키우는 사람을 '노예'라고 불러요. 높은 자리에서 군림하는 주인님을 배불리 먹이고 기분 좋게 만드는 것이 노예의 본분이라면서 말이죠. 대만 사람들은 일반적으

로 고양이를 좋아하는 것 같아요. 매우 친절하게 대하죠. 즉, 고양이 노예가 많습니다. 고양이가 이따금 이상한 행동을 해서 외계인 같다는 의미로 '묘성인'이라고 부르는 사람도 있어요.

당신도, 노랑님도 자신만의 고유한 표정이 있어요.
에이뮤 씨는 고양이를 그릴 때 표정이 가장 중요하다고 생각한 대요. 반려묘와 함께하면서 고양이의 시큰둥한 표정이 너무 매력적이라는 걸 실감했다면서 말이죠. 반려묘의 귀여운 표정과 행동을 스케치하고 색연필과 크레용으로 색칠하다 보면 자신도 모르게 웃게 된다고 했어요. 언젠가 작가님이 친구들에게 "고민이 많을 땐 고양이를 그려봐, 힐링이 될 거야"라고 추천하는 것

도 들었어요.

여러 작품 속에서 당신은 다양한 곳을 여행합니다. 산, 바다, 심지어 우주까지…
가장 기억에 남는 여행은 2022년도 달력에서였어요. 저는 우연히 책 한 권을 발견하고, 그것을 함께 읽을 내 친구 노랑이를 찾아 떠나죠. 12장 달력에서 등장하는 장소는 모두 에이뮤 씨가 직접 여행한 대만의 여행지라고 해요. 저에겐 그 자체로 멋진 여행이었고, 작가님에겐 코로나 시대에 여러 곳을 돌아다니는 내 모습이 위로가 되고 치유가 되었다고 해요. 에이뮤 씨는 앞으로도 많은 사람을 감동시킬 수 있는 작품을 그리고 싶대요.

좋은 취지로 열리는 행사에 자주 참여했다고 들었어요.
자폐증 인식 개선, 토종 청개구리 보호, 유기동물 입양, 인터넷 거래 사기 방지 등 캠페인의 포스터 주인공으로 나섰습니다. 그리고 의류 브랜드와 컬래버레이션으로 제작된 티셔츠와 캔버스 가방에 들어가기도 했어요. 판매 수익금 일부를 길고양이 중성화 사업(TNR), 유기동물 구호활동에 쓰도록 기부하고 있어요. 최근 대만에서는 '고양이를 유기하지 말자' '품종묘 대신 길고양이를 입양하자'는 메시지가 힘을 얻고 있어요. 떠돌이 고양이가 없는 세상이 찾아오길 바랍니다.

한국의 팬들에게 전하고 싶은 말이 있나요?
에이뮤 씨의 방에는 귀여운 고양이 기념품이 잔뜩 있어요. 2018년 부산 여행을 갔다가 사온 거라고 했어요. 그러니 나 역시 예전부터 한국과 인연이 있었던 셈이죠. 이번엔 인터뷰만 했지만 언젠가 한국에서 이벤트가 열린다면 꼭 참가하고 싶어요. 에이뮤 씨도 한국 사람들을 만나서 고양이와 고양이 그림에 관해 많은 이야기를 하고 싶다고 했어요. 고양이를 통해 누군가와 가까워질 수 있다는 게 정말 좋다면서요.

마지막 질문! 언젠가 당신이 웃는 모습을 볼 수 있을까요?
내가 웃는 모습은 아직 에이뮤 씨에게도 보여주지 않았어요. 아무
도 모르게 한 쪽 입꼬리만 올려서 웃은 적은 있어요. 나는 고급 자
동차처럼 멋져 보이고 싶어요. 그래서 내가 활짝 웃는 모습은 아
마도 평생 볼 수 없을 거예요(으쓱).

A LITTLE FOREST IN MY MIND

SËLYNN LEE – 일러스트레이터

글·그림 쉬시턴 @selynndraws / 에디터 최진영

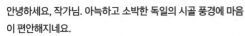

안녕하세요, 작가님. 아늑하고 소박한 독일의 시골 풍경에 마음이 편안해지네요.

안녕하세요. 마음 속 다양한 동물 친구들을 그리는 그림 작가 셀린 리입니다. 전원적인 풍경에서 행복한 일상을 즐기는 동물 친구들을 작품으로 남기고 있어요. 개인적으로도 도심보다는 한적한 시골을 더욱 선호하는 편이에요. 특히 투박하면서도 생기 가득한 독일 시골의 색감들을 좋아해요. 그래서 자연스럽게 작품 속에도 자주 등장하고 있어요. 독일 남부에서 지냈을 때 보았던 아름다운 시골 풍경들은 저에게 큰 영감을 줬어요. 산지가 주를 이루는 한국에 비해 독일은 평야가 많아요. 웅장한 산지에 비해 평편한 들판은 소박하고 수수해 보이기도 하지만 이런 지리적인 차이점은 매력으로 다가오기도 해요. 너른 평지가 주는 평안함과 광활함은 또 다른 감동을 주기도 하거든요.

고양이를 많이 좋아하시나 봐요. 작품 속 고양이들을 향한 애정이 가득 느껴져요.

맞아요. 고양이를 아주 많이 사랑해요(웃음). 어떤 사람들은 고양이는 정이 없고 무심하다 이야기하지만, 고양이를 잘 아는 사람들은 사실 그렇지 않다는 걸 알잖아요. 받은 사랑을 되돌려줄 줄도 아는 사랑스럽고 감성적인 동물이죠. 고양이는 유일하게 반려해 본 동물이어서 그런지 애정이 남달라요. 그러다 보니 자연스럽게 작품에도 많이 등장하게 되었고요. 반려묘와는 어릴 적 길가에 있는 고양이를 치료해 주다 인연이 닿아 가족이 되었어요. 그 친구가 제 작품에 등장하는 고양이의 시초가 되었죠.

그림에 등장하는 고양이들의 스토리가 궁금해요.

제 작품에는 많은 동물 친구들이 등장해요. 그 중에서도 유독 사랑하는 턱시도 고양이를 모델로 만든 캐릭터가 바로 '루'예요. 루는 생각도, 호기심도 가득한 똑똑한 친구인데, 왜 인지 소심하고 부끄러움을 잘 타요. 그랬던 루가 '티스푼'이라는 강아지와 베스트 프렌드가 돼요. 그 둘이 함께 모험도 즐기고 많은 시간을 보내면서 루의 성격도 더욱 밝아졌답니다.

저명도의 색감이 인상적입니다. 비 온 뒤 물안개가 자욱한 풍경을 보는 것 같기도 해요.

안개가 한 겹 씬 거 같은 희끗하고 중후한 톤을 좋아해요. 그런 색감들을 좋아하게 된 계기는 시력과도 연관이 있어요. 한 쪽 눈 시력이 안 좋아서 물체가 구분이 갈 듯, 말 듯 뿌옇게 보일 때

가 종종 있거든요. 그때 느껴지는 흐릿하고 어두운 색상들이 취향이 되어 작품에도 녹아든 것 같아요.

재료를 다양하게 사용하는 이유가 궁금해요. 보통 작가마다 선호하는 재료가 있기 마련이잖아요.

재료에 관심이 정말 많아요. 시간이 날 때는 화방에 가서 여러 미술 도구들을 구경하기도 하고요. 아직도 딱 맞는 재료를 찾지 못했다 생각이 들어요. 수채화도, 아크릴도, 혹은 다른 재료들도 모두 종류에 상관 없이 다 재밌게 느껴지기도 하고요. 한 가지 재료에 머무르지 않고 이것저것 다양하게 시도하다 보면 또 새로운 그림이 탄생할 수도 있잖아요! 항상 다양성을 염두에 두고 색다른 시도를 해보려 노력해요. 여러 시행착오를 겪으며 가장 잘 맞는 방법을 찾아가는 과정은 손으로 직접 그려내는 그림의 묘미 중 하나라 할 수 있죠. 참고로 최근에는 파스텔에 큰 관심이 생겼답니다.

동물 친구들은 숲에서 많은 시간을 보내잖아요. 작가님께 숲은 어떤 공간인가요?

어릴 때부터 도심에서 자랐어요. 그래서 항상 마음속 한구석에는 자연에 대한 동경이 있어요. 우리 모두 언젠가, 어떤 형태로든 결국엔 자연의 품으로 돌아가게 되잖아요. 그래서 숲을 떠올리면 언젠가 돌아가야 하는 곳이라는 느낌이 들어요. 최종 종착지라 할 수 있죠. 또 힘든 일이 있을 때 도망칠 수 있는 마음을 달래는 공간이기도 해요. 숲을 떠올리기만 해도 포근함이 전해지며 큰 위안이 되거든요. 마치 어머니의 품처럼요.

다양한 동물 친구들이 함께하는 모습으로 전하고 싶은 메세지는 무엇인가요?

숲속에서 다 같이 즐거운 시간을 보내는 동물 친구들의 모습을 통해 조화로운 세상을 보여주고 싶어요. 다양성은 세상을 풍요롭고 다채롭게 만들어요. 이러한 힘이 굉장히 중요하다고 생각합니다. 문화, 언어, 생김새… 각자 다른 개성을 가진 수많은 사람들이 하나의 세상 속에서 살아가고 있잖아요. 그렇기에 모든 사람들이 편견 없이 어울릴 수 있다면 얼마나 좋을까 하는 상상을 하곤 한답니다.

나와는 다른 환경에서 살아왔다고 상대방을 편견 가득한 시선으로 바라보는 것이 아닌, 그 모습 그대로 존중하면서 이해할 수 있는 세상이 되었으면 좋겠어요. 제 작품 속에는 다양한 동물 친구들이 서로를 있는 그대로 받아들이며 즐거운 일상을 보내고 있죠. 동물 친구들을 보고 '나도 이들 중 하나다'라고 느끼며 조화로운 세상을 만들어 갈 수 있길 바랍니다.

외로운 나날을 보내는 이에게 작가님의 작품을 소개하고 싶어요. 당신의 곁엔 늘 누군가가 함께한다고 알려줄 수 있게요.
사람은 혼자서는 살아갈 수 없어요. 우리는 태어나는 그 순간부터 타인과 교류하고 도움을 주고받으며 살아가요. 작품 속 동물 친구들처럼요. 그들은 서로를 믿고 사랑해요. 물론 이 친구들도 때로는 어려운 일이 생길 수도, 슬픈 일이 생길 수도 있어요. 하지만 혼자가 아니니 잘 이겨 내리라 믿어요. 언제나 함께 견뎌 낼 테니까요.

지치고 힘들 때, 누군가 아무 말 없이 곁에 있어주는 것만으로도 큰 힘이 될 때가 있잖아요. '내 편'이라는 기분이 들면서요. 저도 과거에는 세상에 혼자가 되어 버린 듯 고독한 기분에 힘들었던 적이 있었어요. 지금 이 글을 읽는 누군가도 그런 기분을 느끼고 있을 수도 있고요. 부디 그 외로움에 너무 괴롭진 않았으

면 좋겠어요. 그리고 고독한 시기가 지난 후에는, 당신의 곁에 있는 좋은 사람들과 행복한 날들만 보내시길 바랍니다.

같이 낮잠을 자고 있는 곰과 고양이를 보는 것만으로도 위로가 됩니다. 어떤 위로를 전하고 싶으신가요?
곰과 고양이는 일반적으로는 친구가 되기 어려운 조합이죠. 겉모습도, 성향도 여러모로 둘은 너무 다르잖아요. 하지만 친구가 된 후에는, 마음을 보여주고 온기를 나누며 낮잠을 즐기기도 해요. 나와 아무런 관계가 없어도, 나와 많이 다르다고 생각이 되어도, 상대방을 알게 되고 그의 인생을 들여다보면 결국엔 상대방을 이해하고 받아들이게 될 거예요. 겉모습은 서로 다르지만 모두는 똑같은 생명이에요. 우리는 결코 혼자가 아니라고 이야기해 주고 싶어요.

방콕 71X70cm 옻지에 채색 2020

좁 PAINTED
WITH BRUSH

유진희 – 만화 작가

에디터 박조은 / 그림 유진희 @hyang_minhwa

붓으로 그린 향기

반려묘 '향이'의 모습으로 초를 뜬다. 푹 빠져 그리다 보니 세상 모든 고양이들이 화폭에 들어왔다. 붓을 갈라 수많은 고양이들의 털을 쳐낸다. 형형색색 물감을 물에 개어, 연꽃 가득한 무지개다리 너머까지 다채로운 색으로 그려본다.

올바른 의자사용법 *27X27cm 순지에 채색 2021*

안녕하세요. mellow 독자분들께 자기소개 부탁드립니다.
안녕하세요. 저는 민화 작가 유진희입니다. 백성 민(民)에 그림 화(畵)를 쓰는 민화는 건강과 다산, 장수와 부귀영화, 백년해로와 같은 평범한 사람들의 순수하고 소박한 꿈을 담은 그림입니다. 모든 고양이가 행복하길 바라는 소망을 담아서 반려묘 '향이'를 뮤즈로 민화를 그리고 있어요.

반려묘 향이에 대해서도 소개해 주실 수 있나요?
향이라는 이름은 전 보호자가 지은 이름인데 '향기로워라'라는 뜻이에요. 아이가 4살일 때 처음 만났어요. 엄청나게 순하고 착한 고양이에요. 저와 남편에게 발톱을 내민 적이 한 번도 없어요. 그 흔한 하악질도 한 번을 안 해요. 저에게 너무나 완벽한 고양이죠. 제가 겁이 많은 편이거든요.

향이와는 어떻게 만나게 되셨나요?
남편과 결혼한 뒤 4년 정도 아기를 가지려고 노력했는데 잘 안 됐어요. 그래서 아기를 포기하고 유기견을 입양하려고 알아보기 시작했죠. 그러던 중에 고양이를 키우고 있던 남편의 친구가 몸이 안 좋아져서 반려를 하기 힘든 상황이 되었어요. 남편이 이 소식을 듣고 강아지 말고 고양이는 어떠냐고 물어보는 거예요. 그때 고양이가 무서웠어요. 눈빛도 무섭고, 발톱도 무섭고… 그래서 처음엔 거절을 했죠. 근데 남편이 아이가 워낙 성격이 순한 개냥이라고 한 번 생각해 보자고 하더라고요. 그래서 그때부터 고양이에 대해서 공부를 하기 시작했어요. 고양이와 함께 살려면 뭘 준비해야 하고 어떻게 살아야 하는지부터. 그렇게 몇 개월 정도 준비를 했어요.

캣타워와 화장실 등 용품과 공간을 전부 다 세팅해 놓고 나서 향이를 데리고 오게 되었어요. 인터넷에서 보니 맨 처음 집에 데려왔을 때에는 혼자 있을 시간이 필요하고, 관심을 주면 안 된다고 하더라고요. 그래서 처음에 3일 동안은 향이가 안 보이는 척 피해 다녔거든요? 그러니까 서서히 '나 여기 있는데? 관심 좀 줘!' 하는 표정을 짓더니 결국은 "야옹!" 하고 말을 걸더라고요. 그때부터 가까워졌죠.

숨바꼭질 51X40cm 순지에 채색 2021

초롱이 30X37cm 순지에 채색 2021

향이를 그리기 시작한 이유도 궁금해요.

아기가 생기지 않아 마음이 힘들었을 때, 마음을 치유할 방법을 찾다가 민화를 배우게 되었어요. 민화를 그리는 시간이 너무 좋더라고요. 그림에만 집중하게 되어서 걱정하던 일들을 다 잊게 돼요. 그러던 중에 향이를 만나게 되었죠. 향이와 지내 보니까 고양이는 하나도 무섭지 않고 너무나도 매력적인 존재더라고요. 그렇게 향이에게 빠지고 나서, 얘를 주머니에 넣고 다니고 싶다는 마음이 생겼어요. 강아지와 다르게 고양이는 같이 여기저기 못 다니잖아요. 그 마음을 연필로 그렸어요. 그게 제일 처음 향이를 그린 <주머니에 들어간 향이>라는 일러스트예요. 그때는 민화로 고양이 그리는 법을 몰랐거든요.

그러다가 고양이 그리는 법을 배우게 되었어요. 조선시대 고양이 화가로 불린 변상벽의 <국정추묘(菊庭秋描)>라는 그림을 따라 그리면서요. '이제 고양이 그리는 방법을 배웠으니 내 고양이를 그리고 싶다'는 생각이 들었어요. 이전에는 연필로만 표현하던 향이를 농채화 불감으로도 표현하기로 했어요. 그렇게 저만의 스타일로 향이를 그리기 시작했죠. 처음 그린 그림은 <향이 있는 연꽃탕>이라는 그림이었어요. 연밥을 보면 샤워기처럼 생겼잖아요. 그래서 연밥에서 물이 나와서 목욕하는 향이를 상상했어요. 현실에서는 향이가 목욕을 진짜 싫어하거든요. 그래서 전 주인도 목욕을 못 시켰다고 해요. 이름이 향이인데, 쿰쿰한 향이 나는 거죠(웃음). 아이가 목욕을 즐겁게 했으면 좋겠다는 마음으로 그려봤어요.

털을 하나하나 다 그리셨네요. 완성하는 데 시간이 많이 걸렸을 것 같아요. 고양이를 그릴 때 특별한 방법 같은 게 있을까요?

초를 그릴 때는 일러스트처럼 마음 가는대로 구성하고요. 그 안의 표현은 민화적으로 하고 있어요. 초는 서양화의 스케치처럼 본 그림을 그리기 이전에 그리는 그림이에요. 민화에 종류가 굉장히 많아요. 모란도, 문자도, 책거리, 화조도… 민화의 종류들을 하나하나 고양이와 접목해서 담아보고 있죠.

먼저 고양이 초를 그리고 바탕색을 칠해요. 그다음 '바림'으로 그러데이션 효과를 줘요. 입체감을 주기 위해서요. '바림'은 색을 칠하고 물 먹은 붓으로 끝을 풀어주는 표현 기법이에요. 그렇게 바탕을 만들고 난 후에 붓을 갈라서 촘촘히 털을 하나하나씩 치죠. 고양이의 색이 다 다르니까 고양이마다 다른 색의 털을 쳐요. 검은 고양이 같은 경우에는 처음부터 완전한 검은색으로 털을 치지는 않고요. 갈색 톤을 깔고, 더 진한 검은색 톤을 올리고, 마지막으로 더 진한 털을 치고 그렇게 쌓아가요.

모란도 40X60cm 순지에 채색 2021

작품에 향이 말고도 많은 고양이가 등장하네요. 강아지도 종종 보이고요.

실제로 만나는 길고양이나 지인의 반려동물도 그리고 있어요. 물론 상상해서 그리는 아이도 있지만요. 실제 동물의 성격과 사연이 담기기도 해요. '행복이'라는 하얀 고양이를 종종 그리는데요. 저희 동네에 사는 태평한 성격의 고양이에요. 행복이를 그릴 때는 편안한 자세로 태평하게 누워있는 모습을 그리곤 하죠. 친구가 돌보고 있는 강아지도 그림에 등장해요. 친구는 어떤 사람이 병원에 버리고 긴 요크셔테리어를 데려와서 임시보호를 하고 있는데요. 이 아이는 노견이라서 눈이 보이지 않아요. 자유롭게 여행하며 세상 구경하면 좋겠다는 마음을 담아서, 꽃으로 만든 열기구를 그리고 그 안에 강아지가 타고 있는 모습을 그렸어요. 눈은 보이지 않아도 마음으로 볼 수 있잖아요. 아이 이름이 '알파'에요. 그래서 이 그림 이름은 <알파고>죠(웃음).

그림에 소망을 담으시는 담으시는 군요.

맞아요. 민화는 소망을 담는 그림이거든요. 모든 고양이들이 행복했으면 좋겠다는 바람을 넣으려고 하고 있어요. 제 그림 중에 <묘장생도(描長生圖)>라는 작품이 있는데요. 화폭에 열 가지 불로장생할 수 있는 요소를 넣은 <십장생도(十長生圖)>를 따라, 고양이들이 행복하게 영원히 살 길 바라는 마음으로 그렸죠. 고양이가 마실 물, 장수를 뜻하는 바위, 부귀영화를 뜻하는 모란꽃, 고양이가 좋아하는 장난감, 불로초, 그리고 십장생에 들어가는 해와 산까지 넣었어요. 무엇보다 고양이 그 자체가 장수를 뜻하기도 해요.

향이 뿐만 아니라 모든 고양이의 행복을 바라시네요. 길고양이에게 관심을 가진 계기가 있으셨나요?

향이를 만나고 나서 이웃집 고양이도, 길고양이도 눈에 들어오더라고요. '우리 동네에 이런 고양이가 살았구나' '이런 무늬도 있었네?' '쟤는 너무 배고파 보인다' 이런 생각들이 자연스럽게 들었어요. 아픈 아이들 보면 마음이 참 좋지 않아요. 의료 보험 같은 게 잘 되어 있으면 한 마리라도 데려가서 치료해 줄 텐데. 책임져야 한다는 부담감이 들다 보니 선뜻 용기를 못 낼 때가 있는 거예요. 그게 많이 미안해요. 지금은 많이 못 드리고 있지만 고양이 그림을 더 많이 그려서 쉼터에 더 많이 드리고 싶어요. 나라에서 고양이들이 행복하게 살 수 있도록 관리해 주면 좋겠다는 생각을 해요. 나쁜 사람들한테 고양이가 해코지도 안 당하게 만들어주면 좋겠고요.

작가님의 민화로 만든 그림책 <고양이는 언제나>가 나왔어요. 그림책 내용을 보니, 무지개다리 너머 세계를 그린 부분이 있더라고요. 어떤 의미를 담으신 건가요?

아이들이 무지개별로 떠나는 게 너무 슬픈 일은 아니라고 얘기하고 싶었어요. 친구들에게도 저에게도 해주고 싶은 말이죠. 향이와도 언젠간 헤어질 거잖아요. 무더운 여름날에 새끼 고양이 한 마리가 저희 집 마당에서 탈진해서 쓰러져 있었던 적이 있어요. 병원에 가서 수액을 맞췄는데, 그때 수의사 선생님 말씀이 이 아이는 먹은 게 너무 없어서 살기 힘들 것 같다는 거예요. 정말 살리고 싶었어요. 초유도 먹이고 물심양면으로 2, 3일간 돌봤는데 결국 죽었죠. 만약에 아이가 살아 난다면 향이의 동생으로 입양하려고 했는데 그렇게 되어버렸어요. 오랫동안 함께 산 고양이는 아니었는데 정말 슬프더라고요. 그때 많이 울었던 기억이 있어요. 그래서 떠난 아이들이 무지개다리 너머에서도 잘 지냈으면 좋겠다는 바람을 그림으로 담아봤어요.

또 민화에 보면 사당을 그려서 족자 형태로 만든 <감모여재도(感慕如在圖)>가 있거든요. 지방으로 발령을 받았거나 멀리 떠나 있어서 제사를 지내기 힘들 때, 펼쳐 두고 그 앞에서 절하고 제사를 드리는 용도로 사용하는 그림이 있어요. 여기에 고양이와 강아지를 그려 넣었어요. 아이들이 저 세상에 가서도 행복하기를 바라는 마음을 담았죠. 제목은 <감묘여재도(感描如在圖)>라고 지었어요. 또 무지개다리를 건너면 처음 도착하는 곳은 노천탕이지 않을까 하는 상상을 했어요. 그곳에서 개운하게 목욕을 하고 나면 이곳에서 아팠던 몸이 깨끗이 낫는 거예요. 온천물에서 달걀도 먹고, 식혜도 먹고요. '우리는 잘 지내니까 걱정 마. 우리 언젠가 꼭 다시 만나자' 이런 말을 듣고 싶었어요. 그래서 <무지개 노천탕>이라는 그림을 그렸어요.

정말 행복해 보여요… 그리고 보니 작가님 그림 안의 고양이들은 모두 행복해 보이는 게 큰 특징인 것 같아요.

그렇죠. 고양이가 행복하길 바라며 그리는 그림이니까. 향이를 만나고 웃음이 엄청 많아졌어요. 아기가 없으니 남편과 대화가 많이 줄었었는데 이제는 향이라는 공통 관심사가 생겨서 서로 대화를 많이 해요. 무엇보다 향이의 행동 하나하나가 너무 웃겨요. 똥구멍에 똥을 달고 막 당당하게 걷고(웃음). 어떻게 이렇게 매일 웃음을 줄 수 있을까요? 저도 고양이와 함께 살기 전에는 이 행복을 몰랐어요. 이렇게 사랑스러운 동물을 모든 사람들이 알았으면 좋겠어요. 그럼 사람들도 정말 행복할 텐데.

마지막으로 작가님의 소망과 앞으로의 계획을 말해주실 수 있나요?

사람도 행복하고 고양이도 행복한 세상을 원해요. 고양이에게 받은 것이 굉장히 많더라고요. 제가 뭐라고 이 아이가 이렇게 큰 행복과 사랑을 주는 건지 모르겠어요. 잘 할 수 있는 일로 보답을 해야겠다는 생각이에요. 민화를 계속 그려서 돈을 벌고, 번 돈을 길고양이나 유기견 같은 동물들에게 나눠주고 싶어요. 그게 목표예요. 제가 할 수 있는 건 그것 밖에 없으니까.

감묘여재도 70X50cm 옻지에 채색 2021

예지로 – 일러스트레이터

에디터 박조은 / 그림 예지로 @yegeeeroh

CATS in WONDERLAND

거대한 나무 그늘 아래, 도토리를 수확하는 다람쥐를 흐뭇하게 지켜보
는 고양이들. 잠시 후 고양이들은 도토리를 수레에 한가득 싣고 자신
들의 세계로 떠난다. 아름다운 시골 풍경을 지나 작은 마을이 보이자
행복한 고양이들의 웃음소리가 들려오기 시작한다.

이곳은 예지로 작가님의 꿈 속일까요? 꿈이라면 깨고 싶지 않네요.

안녕하세요. 일러스트레이터 예지로입니다. 이곳엔 제가 꿈꾸는 모든 것들이 담겨 있어요. 다들 그런 생각 하잖아요. 바쁜 현실을 벗어나 꿈꾸는 대로 살고 싶다는. 문방구나 꽃집, 혹은 카페를 차리고 여유롭게 살아가고 싶다는 생각을 종종 해요. 그래서 그림에 잡화점이나 카페가 자주 등장해요. 느긋하게 커피를 마시거나 쇼핑을 하죠. 소위 말해 '소확행'이요. 이곳에 사는 고양이들은 바쁜 도시 사람들이 꿈꾸는 하루를 살고 있어요. 저도 현실에서는 바쁜 현대인이다 보니 '너네라도 여유롭게 살아라' 생각하면서 그리게 되더라고요.

수채화의 차분한 색감이 인상적이에요. 유럽 느낌이 나는 배경 때문인지, 바랜 듯 촉촉한 수채화 그림체 때문인지 지브리 애니메이션의 한 장면이 떠올라요.

"너는 그림은 잘 그리는데 채도가 낮구나." 중학생 때 학교 선생님에게 들었던 말이에요. 그 말은 당시의 저에게 큰 상처가 되었어요. 이후로 채도가 낮은 것이 제 그림의 단점이라 생각해왔어요. 일부러 맑은 컬러만 사용하기도 하고 채도를 있는 힘껏 올리려 노력한 적도 있어요. 하지만 결국 돌고 돌아 나에게 가장 잘 어울리는 그림은 본연의 스타일이란 것을 깨닫게 되었어요. 받아들이고 나니 오히려 편안하더라고요. 제 그림은 채도가 낮아 차분한 분위기를 가지고 있으며, 안에 따뜻하고 밝은 내용을 담은 것이 특징이랍니다.

수채화는 학생 때부터 많이 사용해서 그런지 가장 익숙하고 편안한 도구예요. 어른이 된 후 고급 물감을 사용하며 더욱 수채화의 매력에 푹 빠져 버렸죠. 사진에는 미처 담기지 않는 섬세하고 발색이 뛰어난 물감도 많아요. 물에 곱게 섞이는 미세한 입자들을 바라보는 것, 그리고 그 색을 종이에 바를 때 붓과 종이가 닿는 느낌을 정말 좋아해요.

그래픽 노블에 들어가는 많은 그림도 다 수작업으로 그리셨어요. 직접 붓을 들어 그리시는 이유가 있나요?

자연스러운 질감을 디지털 페인팅에서 구현하는 건 쉬운 일이 아니더라고요. 디지털 페인팅에서는 랜덤하게 조합된 행운의 색이나 우연히 표현한 선이나 조형이 나오기 어려워요. 그런 이유로 수작업을 선택했어요. 하지만 디지털 페인팅에서는 그림 수정이 훨씬 용이하다는 장점이 있죠. 그래서 몇몇 손으로 그린 그림은 스캔한 뒤에 그 위에 디지털 작업을 더하기도 했어요.

이상한 나라의 고양이

이 세계의 고양이들은 커피도 마시고 책도 읽어요. 어떻게 이런 세계를 만들게 되셨나요?

맨 처음 '나만의 그림을 그려보자'고 마음을 먹었을 때에는 뭘 그려야 할지 도무지 생각이 나지 않았어요. 사교육과 입시 미술에 익숙해져 스스로 주제를 정하는 게 어려웠죠. 한참을 고민하다 주위에 있는 것부터 그려 보기로 했어요. 당시 마침 고양이의 매력에 눈을 뜨게 되었던 시기였기 때문에 고양이를 그리기 시작했어요. 알레르기가 있어서 고양이를 반려할 수 없지만, 주변 친구들과 함께 사는 고양이들에게 푹 빠졌거든요.

그렇게 계속해서 그림을 그리던 어느 날, 갑자기 제 그림이 식상하고 평범해 보이는 거예요! 포인트가 필요하다는 생각을 했죠. 종이도 바꾸고, 재료도 바꾸고, 색깔도 바꿔 봤어요. 마음에 드는 고양이를 찾을 수 있도록 말이예요. 그렇게 이런저런 시도를 하다 보니 이제는 쓱쓱 그려도 저만의 느낌이 나게 되었어요.

제 그림을 보면서 그런 생각을 해요. '눈빛이 참 착하다.' 저는 고양이의 동공을 검은색으로 칠하지 않아요. 대신 홍채보다 조금 더 진한 색으로 칠하고 있어요. 리듬감 있는 실루엣도 특징인데요. 제 자유분방한 성격이 담겨 있죠.

어느 정도 그림체가 안정되어가고 있다는 생각이 들 때쯤 정신 차리고 보니 사람처럼 행동하는 고양이들을 그리고 있었어요. 현실 세계에는 여러 가지 복잡한 문제들이 많아서 자주 피곤하고 지치곤 하잖아요. 순수하고 행복한 세상에 살고 싶다는 무의식이 이런 세계를 만들었나 봐요. 그래서 고양이를 그릴 때에는 호기심이 많고 순수한 눈동자와 거짓 없이 솔직하게 감정을 표현하는 얼굴을 가장 중요시 여긴답니다.

도토리, 독버섯과 솔방울 등 작가님만의 특별한 오브제가 있는 것 같아요.

각각의 오브제에는 특별한 이야기들이 담겨있어요. 이곳의 고양이들은 커피콩처럼 볶고 갈아낸 도토리를 커피처럼 마시는 것을 좋아해요. 커피가 쓰게 느껴지는 날에는 솔방울에서 나오는 진액 시럽을 넣어 달달하게 먹기도 하고요.

커피를 마시기 위해 나무 아래 떨어진 도토리를 주워 모으던 고양이들은 어느 날, 나무 윗부분에 달린 도토리가 더 싱싱하고 맛있다는 것을 우연히 알게 돼요. 어떻게 하면 싱싱한 도토리를 얻을 수 있을까 고민하다 나무에 오를 수 있는 다람쥐들을 찾아가 계약을 맺었어요. 그래서 도토리 수확 시즌이 되면 다람쥐 상인조합에 직접 방문해 도토리들을 도매로 사 온답니다. 원활한 도토리 수급이 이루어진 덕분에 고양이들은 도토리 빵과 과자 등 다양한 먹거리들을 만들 수 있게 되었죠.

어질러진 방 안에서 등불을 들고 있는 저 고양이는 뭘 찾고 있나요?

이 방은 기억과 추억이 담긴 오브제가 가득한 방이에요. 사실 고양이는 이 방을 정리하고 싶다고 생각하는 중이에요. 헤집어진 머릿속을 정리하려고 하는 거죠. 살다 보면 자의적으로든 타의적으로든 마음을 정리해야 할 때가 있잖아요.

마음의 방이네요. 미련 가득한…

맞아요. 정리해야 한다고 생각하는 것 자체가 미련이죠. 방문을 닫던지 정리를 하던지 해야 하는데 한 번에 이 방을 나갈 수가 없는 거예요. '내 추억을 잊어버리면 어떡하지?' 불안한 마음에 계속해서 머무르는 것 같아요. 찾아서 꺼내어 보고 싶은 추억들이 많아서요. 아마도 평생 방을 치울 수 없을 거예요.

하지만 그림 속에 기록해 두고 나면 더 이상 불안하지 않아요. 왜 여행지에서 뿌렸던 향수를 일상에서 다시 뿌리면 그때의 기억이 새록새록 떠오르곤 하잖아요. 저도 그림을 보면 당시의기억을 떠올릴 수 있어요. 그래서인지 그림을 한 번 그릴 때마다 마음이 깨끗해지는 느낌이에요.

크리스마스 선물로 종이가 계속해서 나오는 서랍을 갖고 싶다고 하신 적이 있어요. 올해 크리스마스에는 서랍 속에서 무엇이 나오면 좋을 것 같으세요?

올해 크리스마스에는요. 날짜 사이에 비밀의 0.5일을 추가할 수 있는 마법의 달력이 나오면 좋겠어요. 그러면 24일과 25일 사이에 24.5일을 추가할 거예요. 크리스마스는 너무 짧아요. 지금 달력을 만들고 있어서 이런 생각이 드는 걸지도 모르겠네요(웃음). 좀 더 쉬고 싶어요. 그래서 그림 그릴 시간과 체력을 얻을 수 있으면 좋겠어요.

자신의 그림을 보며 종종 스스로 어떤 사람인지, 정체성에 대해 생각하신다고 하셨어요. 답을 찾으셨나요?

몇 년 전에, 저한테 성인 ADHD가 있다는 것을 알게 되었어요. 약을 처방받고 나서 세상이 낯설게 느껴졌어요. 항상 머릿속에 수많은 생각이 동시다발적으로 정신없이 들었고, 다른 사람들도 그런 줄 알고 살아왔거든요. 그런데 왜 이렇게 세상은 회색이죠? 왜 이렇게 차분한 거죠? 왜 아무 생각이 안 나죠? 이전에 그렸던 그림들을 다시 꺼내 보고는 깜짝 놀랐어요. '이게 내가 그린 그림이라고? 왜 이렇게 따뜻하고 시끌벅적한 거야?' 평소에 제 그림을 봐주시는 분들이 "따뜻하다" "재미있다" "아기자기하다" "스토리가 있다" 등의 이야기를 해 주셨었거든요. 그게 무슨 뜻인지 그제야 알게 되었어요.

아, 나는 지금까지 무슨 세상에 살아왔던 걸까? 약을 먹었을 때와 안 먹었을 때의 내가 다르면 어떤 내 모습이 '나'이며 어디에 맞춰야 하는 걸까? 처음엔 너무 당황스러웠어요. 하지만 시간이 지나면서 스스로를 이해할 수 있게 되었어요. 나 자신을 낯설게 볼 수 있다는 건 얼마나 큰 축복일까요? 제 정체가 뭔지에 대한 답은 찾지 않기로 했어요. 이대로 충분한 것 같아요.

Dear,
My Louis Wain

LOUIS WAIN − 미술가

에디터 박재림 / 그림 루이스 웨인

"웨인의 고양이 그림이 없는 크리스마스는 건포도 없는 푸딩이지."
19세기 말부터 20세기 초, 영국의 성탄 풍경을 단적으로 보여주는 표현이다. '고양이 화가' 루이스 웨인의 작품이 대중적 인기를 끈 시기. 당시 영국인들은 각종 기념일, 특히 크리스마스면 웨인의 고양이 엽서에 마음을 담았다. 이 전통은 웨인의 반려묘, 까만 턱시도를 입은 듯한 '피터'의 자그마한 앞발에서 시작되었다. 그가 남긴 성탄 엽서는 100년 넘게 비밀로 봉(封)해져 21세기 우리들 앞으로 배송되었다.

Louis Wain

CHRISTMAS TIME IN CATLAND.

POST CARD

고마운 집사님들께

안녕하세요, 루이스 웨인 아저씨 그리고 에밀리 리처드슨 아주머니. 두 분 덕분에 새로운 묘생을 살게 된 피터예요. 기억하세요? 비가 억수 같이 내리던 그 날, 저는 정원에서 혼자 야옹야옹 울고 있었죠. 그 때 두 분이 구해주지 않았다면 이렇게 묘생 첫 크리스마스를 맞이할 수도 없었을 거예요. 우리가 가족이 될 수 있어 너무나 감사하고 행복하답니다.

함께 지내며 두 분에 관해서 점차 알게 되었어요(비밀인데 사실 우리 고양이들은 사람의 말을 듣고, 또 쓸수도 있답니다). 아저씨 여동생들의 가정교사가 아주

머니였고, 그 인연으로 두 분은 올해 결혼을 하셨죠. 아저씨가 그림을 잘 그린다는 것, 그동안 신문과 그림 동화책의 삽화를 그리며 살아왔다는 얘기도 들었어요. 아저씨의 뛰어난 솜씨로 저도 자주 그려주셔서 너무 좋았답니다. 특히 제 모습을 여러 각도에서 그린 작품이 <일러스트레이티드 런던 뉴스>에 실렸다며 머리를 몇 번이고 쓰다듬어 주셔서 어찌나 뿌듯하고 기뻤는지…. 올 한 해를 오랫동안 잊지 못할 것 같아요. 이러한 삶을 선물해주셔서 감사합니다. 메리 크리스마스.

1884년 12월 25일, 피터

POST CARD

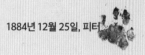

'고양이 화가' 아저씨께

오늘 <일러스트레이티드 런던 뉴스> 성탄 특집호에 실린 아저씨의 그림 엽서 <새끼 고양이들의 크리스마스 파티>가 엄청난 관심을 받고 있어요! 사람들은 아저씨는 '고양이 화가'라고 부르고 있고요. 요 며칠 아저씨가 이 작품을 위해서 얼마나 고생하셨는지를 옆에서 봤기 때문에 - 11일 동안 150마리의 고양이를 그

리셨잖아요 - 더욱 마음이 울컥한 것 같아요.

이렇게 기쁜 날, 아저씨와 아주머니가 "이게 다 피터 덕분이야. 너를 모델로 어린이 동화책 삽화를 그리면서 고양이를 잘 그릴 수 있게 됐으니 말이야"라고 말해주셔서 행복했어요. 정말이지 너무나 멋진 크리스마스입니다.

1886년 12월 25일, 피터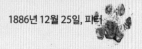

POST CARD

FOR CORRESPONDENCE   FOR ADDRESS ONLY

하늘의 아주머니께

이렇게 텅 빈 듯 허전한 크리스마스는 처음이에요. 올해 1월 2일 아주머니가 돌아가셨죠. 제 앞에서는 한없이 밝고 다정하신 분이라 몇 년째 암으로 투병하고 계신 줄은 몰랐어요. 아주머니가 멀리 떠나시고 아저씨가 많이 힘들어하셨죠.

그래도 아저씨는 우울증을 앓으시면서도 고양이를 자주 그리세요. 아주머니가 그런 아저씨를 좋아하셨기 때문인 것 같아요. 저의 존재 역시 아저씨에게 위로가 되길 바라요. 저 하늘에도 마음이 전달되길.
메리 크리스마스.

1887년 12월 25일, 피터

JOYEUX NOEL.

CHRISTMAS TIME IN CATLAND.

CHRISTMAS TIME IN CATLAND.

Correspondenz-Karte.

영국 왕립예술사 & 국제고양이클럽 회장님께

웨인 아저씨 축하드려요. 올해 국제고양이클럽 회장으로 당선되셨죠! 수년째 고양이 그림을 열심히 그리고 다양한 고양이 관련 활동을 하며 애정을 보여주신 덕분이라고 생각해요. 원래 영국에서 고양이는 반려동물로 인기가 많은 편이 아니었는데, 아저씨의 그림이 대중의 사랑을 받으면서 인식이 바뀌어 가는 것 같아요. 2년 전에는 영국 왕립예술사협회 회원으로도 등록되었죠. 나라가 인정한 예술가이자 국제고양이클럽 회장님과 함께할 수 있어 영광입니다. 메리 크리스마스.

1891년 12월 25일, 피터

12411

Post Card

고양이의 비밀을 그리는 아저씨께

ADDRESS

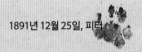

요즘 아저씨의 고양이 그림을 보며 깜짝깜짝 놀란답니다. 언젠가부터 우리 고양이들을 의인화해서 표현하고 계시죠. 사람처럼 옷도 입고 여러가지 활동을 하는 모습으로 말예요. 골프치는 고양이, 춤추는 고양이, 책 읽는 고양이, 바이올린 켜는 고양이, 그림 그리는 고양이, 낚시하는 고양이….

아저씨의 그림을 볼 때마다 '아니, 고양이도 사람처럼 행동할 수 있다는 걸 어떻게 아신 걸까?' 놀라고 있어요. 고양이끼리만 아는 비밀이라서 사람이 보는 앞에서는 사람처럼 행동하지 않으니까 말이죠. 저 역시 크리스마스를 맞이해 엽서를 쓰곤 하지만 아저씨에게 보여준 적은 없잖아요. 그저 언젠가 누군가 - 가능하면 아저씨께서 - 가 발견하고 읽어주길 바랄 뿐이죠.

어쨌든 아저씨가 그린, 사람 같은 고양이 그림이 엄청난 인기를 얻고 있어요. 귀족층을 풍자하며 가려운 곳을 긁어준다고 말하는 사람도 많대요. 아저씨가 고양이 화가로 완벽하게 자리를 잡아서 좋아요.

올해도 메리 크리스마스 입니다.

1894년 12월 25일 피터

POST CARD

영원한 나의 집사님께

어느덧 아저씨와 지낸 지 14년이라는 시간이 흘렀습니다. 함께 맞이하는 열네 번째 성탄절이기도 하구요. 인간과 고양이의 시간은 달라서, 이제 저는 아저씨보다 훨씬 나이가 많은 '묘르신'이 되었습니다. 길고양이로, 험한 세상 고생만 하다가 떠날 수도 있었던 묘생인데 새삼 고맙고 감사합니다.

아저씨는 고양이 그림으로 많은 사랑을 받고 있지만, 여전히 궁핍하게 생활하고 있어요. '저작권'이라는 작가의 권리를 챙기지 못해서 그렇대요. 세상에 아저씨

의 작품을 따라 그린 복제품이 많은 이유이기도 하대요. 안타깝고 마음이 아파요.

그래도 그림과 고양이를 향한 진심은 변하지 않으신 것 같아요. 여전히 애정을 담아 고양이를 그리고 계시니까요. 언젠가 제 귀에 대고 "작품들을 모아서 연감으로 낼 거야"라고 속삭이셨어요. 고양이 세계의 비밀 유지 때문에, 아저씨의 말을 알아들은 티를 내진 않았지만 마음 속으로 기원했어요. 아저씨의 꿈이 꼭 이뤄지길 바라요. 메리 크리스마스.

1897년 12월 25일 피터

PETER.

이듬해 3월 고양이별로 떠난 피터는 더 이상 크리스마스 카드를 남기지 못했다. 피터를 가슴에 묻고 한동안 슬픔에 빠져 지낸 웨인은 1901년부터 1921년까지 열다섯 권의 연감을 시리즈로 출간했다. '20세기 영국의 거의 모든 가정에 웨인의 고양이 포스터가 걸려있다'라는 말이 있을 정도로 그의 그림은 대중의 사랑을 받았다.

다만 피터의 말처럼 웨인은 명성과 달리 돈은 별로 벌지 못했다. 또 사랑하는 아내, 반려묘와 이별 이후에도 어머니와 여동생의 죽음이 이어지며 정신적으로

많이 약해졌다. 결국 1924년 조현병 진단을 받고 허름한 정신병원에 입원했다. 그 뒤에도 고양이 그림을 계속 그렸지만 이전과 달리 상당히 그로테스크한 작품이 많았다.

웨인의 안타까운 사연이 알려지며 온정의 손길이 이어졌다. 그를 위한 기금이 모금되어 훨씬 좋은 정신병원에서 치료를 받을 수 있었다. 정원과 고양이가 있는 곳에서 비교적 평화로운 말년을 보낸 웨인은 1939년 만 79세 나이로 눈을 감으며 사랑하는 아내, 피터와 재회했다.

Girl with a Pearl Earring and a Ginger Cat

Johannes Vermeer,1665
Oil on Canvas

16세기 이탈리아 리사(Lisa)라는 여인은 영생(永生)을 얻었다. 불로초를 구한 게 아닌, 위대한 예술가의 초상화 모델이 됨으로써. 레오나르도 다빈치의 <모나리자 Mona Lisa>가 증명하듯 명화(名畵)는 시간과 공간을 초월하여 존재한다. 여기 세계적 명화 속을 도도하게 걷는 고양이가 있다. 그의 발걸음도 마찬가지다. 어제, 오늘, 그리고 내일⋯ 여행은 영원히 계속된다.

THE JOURNEY GOES ON

SVETLANA PETROVA – 믹스드미디어 아티스트

글·사진 스베틀라나 페트로바 @fatcatart / 에디터 박재림

Mona Lisa, True version

Leonardo da Vinci,1503
Oil on Poplar panel

The Arnolfini Portrait, True version

Jan van Eyck, 1434
Oil on Oak panel

여행은 계속된다,
명화 속에서

안녕하세요. 반려묘 '자라투스트라(Zarathustra)'을 뮤즈로 예술 활동을 하는 스테틀라나 페트로바입니다. 자라투스트라 사진을 여러 명화에 합성한 작품들로 사랑받고 있죠. 러시아 상트페테르부르크 출신이지만 현재는 조국을 떠나 조지아에서 살고 있어요. 아트 프로듀서, 큐레이터로도 일합니다. 예술가로서 활동은 핀란드 헬싱키에서 하고 있고요. 한국과도 인연이 있습니다. 제 작품과 반려묘의 이야기를 담은 책 <FAT CAT ART>가 2016년 여러분의 나라에서 <고양이 자라투스트라는 이렇게 말했다>라는 제목으로 출판되었죠.

자라투스트라(이하 Z)와 묘연을 궁금해하는 분이 많습니다. 원래 저희 어머니와 지낸, 주황색 털을 가진 아이였어요. 당신께선 Z를 "세계 최고의 고양이"라 부르셨고, 녀석은 풍족한 사랑을 받으며 '똥냥이'로 자랐죠. 그러다 2008년 어머니가 돌아가시며 Z는 저에게 왔습니다. 그는 우울증으로부터 저를 구해준 은인이자, 하늘의 어머니와 지상의 딸을 이어주는 추억의 매개체였

답니다.

새로운 뮤즈와 할 수 있는 게 무얼까 고민했어요. 그래픽 툴(포토샵)로 Z의 사진을 네덜란드 정물화에 합성하면 어울리겠다는 생각이 들었죠. 렘브란트의 <다나에 Danae> 등 고전 명화를 배경으로 한 4점의 습작을 주변 예술가, 갤러리스트, 친구들에게 보여줬는데 반응이 장난 아니더라고요. 그 근엄한 숙녀들이 바닥에 드러누워 눈물이 날 때까지 웃는 건 생전 처음 봤으니 말이죠.

작품을 올릴 홈페이지(FatCatArt.com)를 개설했고, 그때부터 Z는 미술의 역사를 넘나들며 유명 화가들의 작품 영감 주는 고양이 영감뮤즈 Muse와 고양이의 야옹소리 Mew를 섞어 '뮤즈(Mews)'라고 표현한 작가의 언어유희로 등장했지요. 우리의 작품들은 금세 인터넷을 타고 전세계로 퍼지며 대중적인 밈(Meme)이 되었습니다. 2014년 영국에서 첫 개인전 이후 여러 곳에서 전시를 진행했고, 홈페이지 내 온라인 쇼핑몰에서 작품 판매도 하고 있습니다.

Las Meowninas, or the Fashion victim

Diego Velazquez, 1656
Oil on Canvas

Fat Cat Art는 그림과 사진, 그리고 디지털 아트가 통합된 혁신적인 미술 프로젝트입니다. 작업 과정은 이러해요. 먼저 Z가 포즈를 취할 때 - 배경이 될 명화를 상상하며 - 사진을 찍습니다. 마치 픽션 영화를 위해 초록색 배경을 등지고 촬영하는 것처럼요. 이후 색감 연출 등을 거친 고화질의 명화 파일에 고양이 사진을 포토샵 합니다. 심혈을 기울여야 하는, 가장 어렵고 긴 시간이 소요되는 단계죠. 고양이가 그림을 훼손하지 않으면서 새로운 의미를 더할 수 있어야 해요. 또 현대의 '디지털 고양이'가 고전 명화와 어울려야 하죠. 때때로 수개월이 넘게 걸리기도 하는 과정을 거쳐 고화질의 멀티-레이어 PSD 파일이 완성됩니다. 디테일 작업을 거친 뒤 작품 해설을 덧붙입니다. Z가 무슨 말을 할지 상상하며 저의 해설을 남기는 거예요.

홈페이지 및 SNS에 업로드한 작품을 다양한 기법으로 2차 창작하기도 합니다. 실제 캔버스에 손그림으로 재탄생시키는 경우도 있죠(제가 가장 좋아하는 방식입니다). 붓질로 질감을 표현하고 해당 명화의 시대에 맞는 안료를 적용합니다. 천연 미네

랄 색상의 귀석 라피스라줄리(청금석) 파우더로 하늘 등 푸른색을 표현하고, 백연 혹은 납 주석으로 하이라이팅을 하고 Z의 주황색 털 색깔을 보여주는 식이예요. 네덜란드 명화나 르네상스 시대처럼 말이예요. 때때로 저는 현대 아크릴 재료로 역사 속 붓놀림의 질감을 표현하기도 합니다. 이런 과정을 통해 현대의 이미지가 역사 속 명화 속으로 부드럽게 녹아듭니다. 마치 그 옛날 유명한 화가가 처음부터 작품 속에 고양이를 집어넣은 것처럼 말이죠. 실제로 지인이 제 작품을 가지고 공항에서 통관 수속을 밟던 중 진품 명화를 반출하려는 것 아니냐는 오해를 받은 적도 있었답니다.

현대 디지털 이미지와 고전 명화를 통합하는, 도전적이고 흥미로운 실험을 하고 있으면 마치 기적처럼 시대를 넘나드는 것 같은 기분이 듭니다. Z가 함께하는 이 프로젝트는 디지털 아트가 무엇인지, 디지털 미디어가 어떻게 고전적인 순수 예술과 이루어질 수 있는지에 관한 답변이자 결과물입니다. 말하자면 '현실과 가상세계를 연결하는 어떤 것'이랄까요?

**The Daughters and The Cats
of Edward Darley Boit**

John Singer Sargent, 1882
Oil on Canvas

**Still Life with a Lobster
Measured by a Cat**

Willem Claesz Heda, 1659
Oil on Canvas

Bathing under the Bridge over a Pond of Water Lilies

Claude Monet,1899
Oil on Canvas

Skating Minister and Skating Cat

Sir Henry Raeburn, 1790
Oil on Canvas

The Cat Card Players

Paul Cézanne, 1895
Oil on Canvas

The Furry Starry Night

Vincent van Gogh,1889
Oil on Canvas

Z는 예술가 기질을 갖고 태어난 것 같습니다. 자신을 찍는 사진 작가를 살갑게 대하며 매력적인 표정과 포즈를 지어 보였으니 말이죠. 사진 촬영을 흥미로운 게임처럼 여기는 듯 하면서도 프로페셔널한 모습을 보였습니다. 정말 놀랍지 않나요? '타고난 모델' Z를 위해 나는 특별한 공간을 만들었습니다. 커다란 카펫으로 덮은 연단인데, 그를 위한 무대라고 할 수 있죠. 그곳에서 Z는 풍부한 표정으로 다양한 포즈를 취하곤 했답니다. 그는 유일무이한 천재 예술묘이자 천재 평론가 고양이라고 생각합니다.

저와 Z는 서로를 아주 깊게 이해하는 친구 사이이기도 합니다. 또한, 앞서 말한 것처럼 하늘나라의 어머니를 떠올리게 하는 연결고리이고요. 유년 시절 저는 어머니와 매주 예르미타주 미술관상트페테르부르크에 위치한 러시아 국립박물관. 영국의 대영 박물관, 프랑스의 루브르 박물관과 더불어 세계 3대 박물관으로 꼽힌다을 찾았습니다. 어머니가 먼 곳으로 떠난 뒤, 마치 어머니를 대신하는 존재처럼 나타난 Z가 다시금 저를 미술관으로 인도했습니다. Fat Cat Art 프로젝트를 이어가기 위해 미술관을 찾아 과거의 유명 화가와 그들의 기법, 미술의 역사 등을 공부하게 됐죠. 어머니께서 Z와 제가 만들어낸 작품들을 보면 저희를 굉장히 사랑스럽게 여기셨을 거예요!

그리고 자라투스트라는 2021년 12월 16일, 열여섯 나이에 췌장염으로 무지개 다리를 건넜습니다. 그는 내 어머니 곁에 묻혔지요. 그 슬픔의 크기를 누군가 상상이나 할 수 있을까요? Z의 부재는 지금도, 당연히, 사무치게 느껴집니다. 더 이상 그 아이를 만질 수도 없고, 눈동자를 마주칠 수도 없으며, 오직 영혼으로만 대화할 수 있어요. 너무나 그립습니다.

그렇지만 제 컴퓨터는 셀 수 없이 많은 Z의 사진과 영상이 남아 있습니다. 그가 떠난 뒤에도 작품 활동을 하고 있는데, 그때마다 저는 Z가 다시 살아난 것처럼 느껴집니다. 사랑과 미술은 절대 사라지지 않아요. 하늘 위 고양이는 여전히 수많은 명화들 속에서 여행을 이어 나가고 있습니다.

저는 2016년 여름 Z의 동생을 입양했습니다. 구조된 새끼 길고양이었지요. 하얀 털에 양 쪽 눈 색깔이 다른 녀석에게 데이비드 보위David Bowie. 영국 출신의 세계적 뮤지션. 그 역시 오드 아이 Odd-eye로 유명했다 라는 이름을 붙여주었습니다(둘의 생일도 비슷해서 혹시 DB가 환생한 것 아닐까? 라는 생각을 하기도 했답니다). 그는 굉장히 사랑스러운 존재입니다. Z와 함께 작품 활동을 하기도 했지요.

지난해 말, Z가 떠난 뒤 제 친구들은 새로운 집사가 필요한 고양이들에 관한 정보를 보내주곤 했습니다. 어느 날 작은 치즈 냥이를 보았을 때 마음 속 Z가 속삭이는 것을 들었어요. '저 녀석이야.' 곧장 결정을 내리고 입양을 했습니다. 2021년 말 크림반도에서 구조된 아이었고, 올 2월 12일부터 같이 살게 되었습니다. 영국 시인 윌리엄 블레이크(William Blake)와 그의 작품 <타이거 Tyger>를 합친 이름, 타이거 블레이크로 부르기로 했습니다. Z를 잃은 저와 DB는 밸런타인데이를 앞두고 만난 TB 덕분에 진정한 '사랑의 날'을 맞이할 수 있었습니다.

TB는 굉장히 똑똑하고 상냥한 고양이에요. DB에겐 최고의 형제가 되어주었고, 저에겐 상실의 상처를 치료해주는 존재였습니다. 또 TB는 - DB와 마찬가지로 - Z의 사명을 이어받아 명화에 출연 중입니다. 이미 휴고 심베리의 <상처입은 천사 The Wounded Angel>, 파블로 피카소의 <평화의 비둘기 Face of Peace>, 매튜스 테르웨스턴의 <평화의 풍자 Allegory of Peace>에 등장하며 평화의 메시저가 되고 있지요.

고양이는 오늘날 '도시 부족'의 상징적인 동물이며, 트렌디한 인터넷 예술의 뮤즈이기도 하죠. 수학의 본적인 고대 이집트가 고양이를 숭배했듯, 디지털 시대가 도래한 현대의 인류도 마찬가지입니다. 전지전능한 고양이는 인터넷을 지배합니다. 고양이의 하늘을 찌르는 독립심과 자존감은 전세계 사람들이 모여드는 인터넷에서 불특정다수, 익명의 사람들로부터 높게 평가받고 있죠. 누구도 갈 수 없는 곳으로 기어간다거나, 원하는 행위를 마음 가는 대로 저지르고, 자신의 흔적을 곳곳에 남기는 모습은 거리 미술을 연상하게 해요. 고양이들은 번잡한 도시와 문명에 지친 인류에게 '캣타르시스(CATharsis)'를 선사합니다.

역사적 명화에 현대적 고양이가 등장하는 것은, 동시대적 의미를 부여합니다. 저의 작품 중 하나의 모나리자의 리메이크 작품을 통해 설명할 수 있어요. 많은 사람들이 고양이 덕분에 모나리자라는 작품이 더 좋아졌다는 이야기를 해주었어요. 고양이의 존재로 그림을 더 생생하게 이해하게 되어서죠. 고양이를 안고 발코니에 앉은 소녀는 행복한 표정으로 사진을 찍기 위해 포즈를 취해보지만, 지루한 고양이는 도망치고 싶어하죠. 누구나 이런 모습을 한번쯤 본 적이 있잖아요?

16세기 초상화 속 주인공은 고양이, 인터넷, 셀피를 좋아하는 현대 도심의 여인으로 되었고, 그렇게 기존 작품과는 완전히 다른 초상화로 변모한 거죠. 고양이 자라투스트라가 바로 미술의 역사에서 가장 유명한 모자리나의 웃음에 대한 비밀을 밝혀낸 것이에요!

The Scream, or The Cream of the Scream

Edvard Munch, 1893
Oil on Canvas

Dancing couple, True version

Fernando Botero, 1987
Oil on Canvas

The Purrsistence of Cats' Meowmory

Salvador Dali, 1931
Oil Paint, Bronze

2018년 평창 동계올림픽의 피겨스케이팅 중계방송 영상에 자라투스트라의 모습을 합성한 적이 있습니다. SNS에 올렸더니 반응이 아주 뜨거웠죠(웃음). 한국의 유명한 그림에 Z가 등장해도 재밌을 것 같습니다. 어떤 한국화가 Z와 가장 어울릴지 mellow 독자분들이 추천해주시면 더더욱 좋을 것 같아요.

다가오는 2022년 12월 16일은 자라투스트라의 1주기입니다. 지금은 천상에 있는 Z가 이 세상에 아름다움과 평화를 전하길 소망해요. 또한 제가 Z로부터 받은 미술과 사랑이 한국 독자분들에게도 전달되길 바랍니다.

THOMA VUILLE – 그라피티 아티스트

LE GRAND CHAT DU MUR

평화의 고양이는 담벼락 캔버스로부터

1990년대 프랑스 중부 도시 오를레앙. 으슥한 골목을 찾아다니며 그라피티Graffiti. 공공장소 혹은 벽에 래커, 스프레이, 페인트 등으로 그림을 그리거나 글자 및 흔적을 남기는 행위에 집중하는 청년이 있었다. 그의 벗은 길고양이. 골목길에서 만난 작은 친구들은 청년의 뮤즈(Muse)이자 경호원이었다. 벽에 그림을 그리는 동안 고양이들은 주변을 어슬렁거리다, 누군가 나타나면 도망치라고 신호를 보내주었다. 머지않아 청년은 '무슈샤(M. CHAT)'라는 자신만의 고양이 아이덴티티를 만들어냈다. 그렇게 세계적인 그라피티 아티스트로 발돋움한 토마 뷔유(Thoma Vuille)를 만났다.

글 토마 뷔유 / 에디터 박재림

ⓒ서울교통공사 홍보실

만나 뵈어 영광입니다. 15살부터 그라피티를 하셨다죠. 어릴 때부터 미술에 관심이 많으셨나요?

안녕하세요, 토마 뷔유입니다. 도장공(塗裝工)으로 일하신 할아버지 덕분에 저는 집안의 모든 남자들이 벽을 칠하는 걸 보며 자랐습니다. 또 어머니의 영향으로 3살 때부터 거실의 벽에 걸린 그림의 감상을 표현하곤 했지요. 그라피티 작품을 처음 본 건 TV에서였어요. 그리고 수도 파리를 방문했을 때 기차역 주변의 다양한 그라피티를 두 눈으로 보았습니다. 이후 고등학교에서 그라피티 스타일의 글씨체를 쓰는 친구를 만났습니다. 우리는 동네를 돌아다니며 우리의 손글씨를 남기기 시작했지요(안타깝게도 어른들은 우리의 작품을 이해하려 하지 않았습니다). 이후 부모님의 지원으로 시립학교에서 미술 과목을 공부하며 학문적인 그림 실력을 키울 수 있었습니다.

현재는 그라피티를 자유를 상징하는 예술 작품으로 봐야 한다는 주장도 적지 않지만 탄생 초기엔 '낙서'이자 '범죄 행위'로만 인식되었죠. 작가님도 초기에는 후미진 뒷골목에서 주로 작품

활동을 하셨습니다. 바로 길고양이들의 공간 말이예요.

그라피티는 인간에 의해 만들어지고, 세상에는 다양한 유형의 사람이 있습니다. 그 중 수줍음을 많이 타는 인간인 저는 혼자서 몰래 작품 활동을 하곤 했지요. 도시의 골목은 곧 고양이 소굴. 그곳에서 그림을 그리며 '진짜 고양이(Vrais Chats)'들을 만날 수 있었습니다. 녀석들은 저를 방해하는 사람들이 나타날 때마다 그 사실을 알려주는 역할을 했지요. 인기척을 느낀 고양이들이 어디론가 사라지면 저 역시 작업을 멈추고 안전한 곳으로 몸을 피하는 식으로 말입니다. 연이 닿은 몇몇 고양이를 보살피기도 했습니다.

작가님의 상징, 무슈샤는 어떻게 탄생했나요?

시립 학교를 다닐 때 인근 초등학교에서 수업을 진행한 적이 있습니다. 그때 파키스탄 국적의 소녀가 고양이를 그렸죠. 만화처럼 선명하고 간단한 선으로 그린, 환하게 웃는 고양이에게서 'Mr. Cat' 무슈샤의 영감을 얻었습니다.

그 소녀는 집안 환경 탓에 그림을 그린다는 것이 익숙지 않았어

요. 이전에 한 번도 그려본 적이 없다고 했지만 제 수업을 들으며 많은 기술을 익혔습니다. 그림을 완성한 뒤 스스로가 자랑스럽다는 말에 정말 감동했습니다. 저는 선생님으로서 '가르치는 일'을 이루어낸 것이고, 아이는 감정을 표현하는 새로운 언어를 익힌 셈입니다.

무슈샤는 한국에도 잘 알려져 있습니다. 노란색 털, 하트 모양의 코, 커다란 눈과 귀… 그것들이 각각 의미를 품고 있나요?

무슈샤의 머리, 그러니까 원은 '개인'을 상징합니다. 서양 기호학에서는 둥근 기호로 남자(♂)와 여자(♀)를 나타내죠. 무슈샤의 몸통인 타원형은 사회적 존재로서 타인과의 '관계'를 의미합니다. 그러한 머리와 몸을 움직일 수 있게 하는 것이 다리입니다. 마지막으로 꼬리. 고양이, 개, 원숭이에게 꼬리는 원초적 본능을 보존하고 균형을 잡게 해주는 요소입니다. 어릴 적 TV로 만화영화 <드래곤볼>을 아주 재밌게 봤는데, 주인공 손오공 역시 고릴라의 꼬리를 갖고 태어났지요. 손오공의 꼬리는 무슈샤의 그것과 같습니다. 한 친구는 저에게 "무슈샤의 'S자' 꼬리는 너의 이름(Thomas)에서 떨어진 S마지막 자음을 발음하지 않는 불어의 특징와 분명 관계가 있는 거야'라고 말하기도 했습니다.

무슈샤를 그리는 순서는 먼저 동그란 원으로 무슈샤의 머리를 그립니다. 그리고 오른쪽에서 혹은 왼쪽에서 더 큰 타원형을 그려 몸통을 만들지요. 다음은 세세한 것들입니다. 즉, 다리와 귀 같은 것이죠(2002년부터 날개가 추가되었습니다). 기하학적 형상들이 서로 조화를 이루었다 싶으면, 꼬리를 그려서 빈틈없는 전체를 마무리합니다.

그라피티는 가장 큰 특징은 '속도'인 것 같습니다. 한 마리의 무슈샤를 그리는 데 어느 정도의 시간이 걸리나요?

미국 뉴욕그라피티의 발상지에서는 주로 에어로졸 컬러 스프레이로 날렵하게 작품 활동을 합니다. 저는 차별화를 위해 아크릴 물감과 붓을 쓰기로 했죠. 스프레이와 달리 붓은 벽과 직접 접촉해야 합니다. 그리고 아크릴 물감은 마르기까지 최소 30분이 소요됩니다. 작품의 구성에 관해 깊이 생각할 수 있는 시간이자, 침착하게 집중할 수 있는 시간이지요. 그렇다고 스프레이를 사용하지 않는 건 아니지만 붓을 쓰는 걸 선호합니다. 붓으로 무슈샤를 그리면 보통 한 시간 정도 걸립니다.

저는 그림을 그릴 벽을 찾는 것부터 작업의 시작이라고 생각합니다. 처음에는 낮은 곳에 고양이를 그렸는데, 곧 다른 화가에 의해 지워지거나 변형되곤 했지요. 그래서 지붕으로, 높은 곳으로 올라가기로 했습니다. 물론 낙상의 위험도 있고, 작업의 난이도 역시 올라갑니다. 대신 이런 장소는 - 당국을 포함한 - 누군가가 접근하기 어려운 만큼 무슈샤가 수십년을 머문 보금자리가 될 수 있었지요.

2004년 파리 퐁피두센터 광장 바닥에 무슈샤를 그리셨죠. 뒷골목의 낙서, 범죄 행위로 취급되어온 그라피티가 양지로 나온

상징적인 사건이었습니다. 마치 길고양이가 당당하게 광장으로 나와 따스한 햇살을 즐기는 모습 같았죠.

크리스 마커Chris Marker. 프랑스 출신의 세계적인 사진작가이자 영화감독. 무슈샤를 소재로 한 다큐멘터리 영화 <앉아 있는 고양이들 Chats Perches>도 찍었다가 다리를 놓아준 덕분입니다. 국가기관에서 그림을 그린다는 건 저에게 엄청난 영광이었습니다. 작품 구상을 하며 에스컬레이터를 타고 올라가다가 퐁피두센터 광장의 바닥에 위대한 자유로운 고양이를 그리면 좋겠다는 생각이 들었지요. 가로 약 50m, 세로 약 25m 크기의 무슈샤를 그리는 데 있어 저의 동료들, 파리 국립고등미술학교 학생들이 도움을 주었지요. 처음으로 시도한 단체 작품이 성공적으로 마무리되어 자랑스러웠습니다.

퐁피두센터의 무슈샤는 저에게 새로운 세계의 문을 열어주었습니다. 이전까지 비밀토마 뷔유는 그라피티를 하다가 신고를 받아 경찰에게 체포되기도 했다이어야만 했던 제 작품들이 공식적으로 인정받는 순간이었습니다. 그 뒤 작업을 할 때마다 보수도 받을 수 있었죠. 보수는 자부심이자 프로페셔널의 증거입니다. 또한 뉴욕과 홍콩으로부터 고양이를 그려 달라는 초대 받기도 했습니다.

무슈샤가 자유와 평화, 저항과 해방의 상징으로 자리잡으며 '정의'가 필요한 전 세계 도시를 찾아다니며 '위대한 고양이'를 그라피티로 남기고 계시죠. 2019년에는 한국에도 오셨구요!

대한민국 서울에서 만난 고양이 떼가 기억납니다. 또 지하철 6호선 전동차에 그림을 그릴 수 있게 해주셨는데, 그런 경험은 처음이었습니다. 젊은 그라피티 예술가가 전동차에 그림을 그리게 해 준 사실이 참으로 흥미로웠습니다. 오픈마인드에, 지성적이며, 젊은 세대를 포용하는 대한민국 사람들과 작업할 수 있어 영광이었습니다.

바다의 돌멩이와 가을 낙엽에 그린 무슈샤가 인상적이었습니다. 한국은 현재 겨울인데요, 혹시 하얀 눈 위에 무슈샤를 그린 적도 있나요?

어린 시절을 보낸 오를레앙의 마르트루아 광장에 눈이 쌓였을 때 고양이를 그린 기억이 나네요. 스위스와 국경에 위치한 쥐라 산맥(Jura Mts)에서 무슈샤를 그린 적도 있죠. 모래 위에 발이나 삽으로 그림을 그리기도 했습니다. 나뭇잎에 그림을 그리는 것은 한국과 일본 등 아시아 국가를 방문했다가 그런 문화가 있다는 걸 처음 알았습니다. 그 뒤 프랑스로 돌아와 농장의 나뭇잎에다 무슈샤를 그렸는데 정말 재미있었어요. 그 모습이 평소보다 훨씬 강하게 눈길을 끌어당기더군요.

마지막 질문입니다. 토마 뷔유에게 고양이, 그리고 그라피티란 무슨 의미인가요?

고양이와 그라피티는 곧 자유입니다. 표현의 자유, 스스로를 표현할 자유, 자신만의 감정을 표현할 자유, 마음껏 누리고, 함께 나눌 자유 말이지요.

도심을 지배한 정체 모를 악당의 등장에 시민들은 혼란에 빠졌다. 불이 나는 고층 빌딩으로 가뿐하게 날아오르는 고… 고양이 영웅?! 눈을 의심하는 시민들을 뒤로하고 우아하게 날아오른 고양이 영웅은 빌딩 안 사람들을 구조해 안전하게 착지한다. 환호하는 시민들에게 시크하게 인사를 하곤 바쁜 걸음을 재촉한다. 집사가 알게 되면 피곤해 질지도 모르니. 고양이 영웅의 화려한 밤이 지나는 중이다.

고주연 – 일러스트레이터

글·그림 고주연 @jooyeonkoh / 에디터 최진영

고양이가 세상을 구한다

작가님의 뒤를 지키는 든든한 영웅들을 소개해 주세요.
안녕하세요, 다양한 도구들로 저만의 이야기를 만드는 일러스트레이터 고주연입니다. 일상생활을 하다 보면 평범한 주변 풍경에서 흥미로운 지점들을 발견하게 되는데요. 그 흥미로운 지점들 너머의 이야기를 상상하곤 해요. 우연히 발견하게 된 일상의 재밌는 모습들을 다양한 도구로 표현하고 있어요. 자수, 그래픽, 손그림 등의 재료를 사용해요. 얇게 올라가는 실 가닥, 가는 연필 선 하나 등을 모아 그림을 그리고 있습니다.
제 뒤의 두 영웅들은 저의 반려묘 '코비'와 '트윕시'에요. 둘은 성격이 정반대입니다. 코비는 작은 움직임에도 깜짝 놀라는 겁쟁이에요. 언제나 집사의 관심과 사랑에 목말라하며 애타게 울죠. 반면에 트윕시는 호기심이 많아요. 취향도 확실하고요. 돼지고

기 간식이 아니면 입에 대지도 않아요(웃음). 자기 공간을 소중하게 생각해서 제가 손을 대면 화를 내기도 한답니다.

코비와 트윕시가 작품 속에서 영웅으로 변신한 계기가 있나요?
여행을 가느라 집을 비운 적이 있었어요. 집에 도착해서 문을 열었더니 트윕시가 굉장히 피곤한 얼굴로 잠을 자고 있는 거예요. 혹시 내가 집을 비운 사이에 엄청난 일들이 있었던 게 아닐까 싶을 만큼요. 고양이는 아무것도 하지 않고 뒹굴거린다는 편견이 있지만, 사실은 그 안에 굉장한 비밀이 숨겨져 있는 게 아닐까 상상하게 되더라고요 '낮에 쿨쿨 자는 이유는 밤에는 지구를 지키느라 바쁘게 움직여서 아닐까?'라는 재미있는 상상이 지금의 고양이 영웅 코비와 트윕시를 만들었습니다.

둘의 활약상이 멋있어요. 마치 히어로 무비를 보고 있는 것 같아요!
맞아요. 다양한 서브 컬처를 녹여내서 둘의 활약상을 표현하고 있어요. 특히 1990년대의 레트로한 무드를 많이 녹여내었어요. 어릴 적 본 히어로 무비 속 장면을 누비는 고양이 영웅이라니… 너무 재밌지 않나요(웃음)?
둘의 이야기도 히어로 무비 같아요. 코비는 엉성한 실수투성이 영웅이에요. 악당에게 잡혀버리고 말죠. 그때 냉철하고 완벽한 트윕시가 등장해서 악당을 물리치고 세상을 구해요! 악당에게 풀려난 코비도 트윕시의 곁에서 안도의 한숨을 내쉬고요. 위기의 순간에 어디선가 나타나는 믿음직스러운 영웅들이랍니다.

고양이 영웅들이 지켜주는 세상은 언제나 평화로울 것 같아요.
고양이 영웅들을 담은 작품의 주제는 'Charade show'에요. 셔레이드는 몸짓을 보고 대상을 알아 맞추는 제스처 게임이에요. 몸짓을 따라한다는 점에서 모티프를 얻었어요. 코비와 트윕시가 지구를 지키기 위해 영화 속 영웅들의 모습을 흉내낸다고 생각했거든요. 집에서 많은 시간을 보내는 둘은 티비를 보고 바깥세상을 배우는데요. 위험에 빠진 사람들을 구하기 위해 영화 속 히어로를 따라 하며 악당들을 물리친답니다. 소행성 하나쯤은 거뜬히 날려버리는 빔을 쏘기도 하고, 하트 사슬로 악당을 꽁꽁 묶기도 하면서요.

'고양이가 세상을 구한다'라는 슬로건이 재미있어요. 지구가 멸망하기 전, 고양이 영웅이 그려진 시리얼을 먹으며 둘의 활약상을 기다리고 있을 사람들이 상상되어서 웃음이 나기도 했고요. Chrade show 시리즈에는 고양이 뿐만 아니라 휴지, 과자 등 다양한 생필품들도 담아보았어요. 고양이 영웅들은 우리의 평범한 일상까지 지켜주고 있네요. 사람들이 먹는 시리얼은 고양이 영웅이 직접 모델로 나선 제품이에요. 한시도 조용하지 않은 지구에서 살아가다 보니 사람들을 잘 돌봐야 한다는 강박에 직접 식사까지 챙기기 시작한 거죠(웃음). 매일 아침 먹는 시리얼에 용기, 에너지 같은 필수 영양소를 듬뿍 담았답니다. 평범한 일상이 조금이나마 유쾌하고 건강해지길 바라는 마음으로요.

고양이 영웅들의 활약을 보면서 느끼는 점도 많아요. 저희 고양이를 다시 보게 되기도 하고요(웃음).

누구에게나 일어날 수 있는 엄청난 일들을 상상하며 고양이 영웅들의 모험을 그리고 있는데요. 사실 우리의 삶도 비슷하다는 생각이 들어요. 매일 평범한 일상을 살아가지만, 그 안에는 다채로운 생각과 감정들이 떠오르고 있잖아요. 대부분의 사람들은 겉모습만 보고 넘겨짚곤 해요. 하지만 저는 겉으로 보이는 것이 다가 아니라고 생각해요. 그 속에서 아무도 모르는 속사정에 대해 이야기하고 싶어요.

볼록하게 올라온 부피감 덕분에 액션이 더욱 다채로워 보여

요. 자수의 매력에 빠지게 된 계기가 있을까요?

패션 그래픽을 꽤 오래 작업했어요. 손에 잡히는 패브릭 형태로 결과물이 만들어지는 게 항상 신기하고 재밌었죠. 가느다란 실이 층층이 쌓여서 만들어내는 자수의 볼륨감과 형태도 마음에 들었어요. 그러다 직접 그린 그래픽을 자수로 만들고 싶어 큰맘 먹고 자수 기계를 구입하게 되었어요. 그 이후로 자수로 많은 작업을 진행하고 있어요.

기계자수가 생소하게 느껴지는 독자분들도 있을 것 같아요. 기계자수와 작업하는 방식에 대해 설명 부탁드립니다.

기계자수라는 말보다 컴퓨터 자수라는 말이 더 이해하기 편하실 것 같아요. 작업 방식은 패치나 옷에 놓여져 있는 자수를 작업하는 방식과 같아요. 도안을 입력하면 자수 기계가 자동으로 수를 놓아주는 거죠. 드로잉을 먼저 진행한 후 도안으로 변환시켜 컴퓨터로 자수를 그려 내고 있습니다.

자수는 느린 매체이기 때문에 속도감이 달라요. 저는 드로잉 속도도 빠르고, 구상도 빠르게 하는 편이라 느긋한 자수의 속도감과 친해지기 어려웠죠. 자수는 여러 단계를 거쳐야 하기 때문에 한 단계, 한 단계 신중하게 진행해야 합니다. 중간에 방향을 바꾸게 되면 이전 작업이 수포로 돌아가게 되거든요. 처음엔 자수로 콘셉트를 잡았으니 '자수로만 작업을 해야지'라고 마음먹고는 아무것도 하지 않았어요(웃음). 적응하는 시간이 필요했던 거죠. 작년부터는 마음을 다잡고 연필, 색연필 등 다양한 재료를 사용하며 표현해보고 있습니다.

자수아트로 작가님만의 독보적인 세계관을 구축하고 계시잖아요. 자수로 더 도전해 보고 싶으신 작업이 있나요?
앞으로 기계자수로 더 다양한 작업들을 해보고 싶어요. 손자수에서 오는 따뜻함보다는 기계자수에서 오는 차가운 느낌을 좋아합니다. 가는 실들이 규칙적으로 쌓이며 만들어지는 볼륨감이 드로잉과 상충하면서 독특한 느낌을 자아내거든요. 또 이전의 작품들보다 더 큰 사이즈의 작품을 작업하려 계획 중이에요. 현재는 가는 굵기의 실을 주로 사용하는데 두꺼운 실을 사용하거나, 다른 직조 방법을 개발하는 등 여러 방면으로 계속 실험을 해 볼 생각입니다.

고양이 영웅들은 언제나 용감무쌍해요. 당당한 행보를 이어가는 작가님과 닮은 것 같기도 합니다.

최근 들어 국내에서도 종종 발생하고 있는 지진, 전 세계를 강타한 코로나 등 예기치 못한 여러 사건들을 겪으며 많은 생각을 하게 되었어요. 한 번 주어진 인생인데 영원히 지속되는 게 아닐 수도 있구나 하고요. 순간 순간을 충실하게 살아야겠다는 깨달음도 얻게 되었죠. 많은 고민을 하기보다는 제가 느끼고 표현하고 싶은 것들을 마음껏 보여주려 합니다. 앞으로는 코비와 트윕시를 통해서 다 같이 어울려 살아가는 것에 대해 이야기 하고 싶기도 해요. 상반된 두 고양이 영웅이 보여주는 함께 사는 이야기, 재미있을 것 같지 않나요?

Beyond The Canvas, Toward The Universe

이경미 – 미술가

에디터 박재림 / 그림 이경미 @leekyoungmi1 / 사진 김시윤

캔버스 너머 우주를 향해

묘연이 시작된 옥탑방. 무채색의 삶을 버티고 또 견뎌낸 두 존재가 짙은 새벽 조용히 눈을 맞췄다. 그러자 영롱한 불꽃이 튀었다. 그 뒤 캔버스 위 물감이 퍼지듯 그들의 세계도 점차 총천연색으로 물들어갔다. 이것은 사 반세기(四半世紀) 전 작은 눈맞춤으로 탄생한 미술가 이경미와 고양이 나나의 우주, 끝없이 팽창하는 영원의 시공에 관한 이야기다.

이경미 작가의 작업실을 찾은 2022년 11월 8일은 마침 지구의 그림자가 달을 가리고, 그 달은 다시 천왕성을 가린, 한국에서는 향후 200년 간 볼 수 없다는 천문 현상이 밤하늘을 수놓은 날이었다. 국내를 너머 중국 홍콩 대만 등 해외에서도 단독 전시회를 진행하며 미술계에서 반짝반짝 빛나는 이경미 작가지만, 그 역시 20대 중반까지 지구와 달에 가려진 천왕성처럼 한 치 앞이 보이지 않는 어두운 시절을 보냈다.

"어릴 적 가정 형편이 너무 좋지 않았어요. 알코올 중독인 아버지, 집을 나간 어머니…. 그런 저의 세상에서 유일하게 아름다운 것이 '미술'이었어요. 동네 인니가 들고 다닌 종이인형이 니무니 매력적이라 저도 그 언니를 따라서 종이인형을 직접 그리고 색칠했죠. 또 공짜 달력에 그려진 그림이 너무 예뻐서 마음을 빼앗긴 기억도 나요(훗날 오귀스트 르누아르의 작품 <독서하는 여인>이란 걸 알았죠). 맘에 드는 풍경화가 걸린 은행을 매일 같이 찾아가기도 했죠."

자연스럽게 그림을 그리기 시작했다. 초등학교 때부터 상을 자주 받았다. 학년이 바뀔 때마다 선생님들로부터 미술을 해보지 않겠느냐는 추천을 받았지만 가정 형편상 불가능 했다. 고등학생이 되어서야 주변의 도움을 받아 어렵게 미술 공부를 할 수 있었고 입시 준비에 돌입했다. 홍익대학교에 입학하며 고향 경주를 떠나 서울로 왔다.

"처음엔 기숙사 생활을 하다가 옥탑방을 얻어 자취를 했어요. 1998년 어느 날, 미술재료를 사러 갔다가 길거리에서 박스 안에 버려진 새끼 고양이를 발견했어요. 노란색 털의 치즈 고양이를 집으로 데려왔죠. 당시 유행한 어린이 TV 프로그램 <텔레토비> 주인공의 이름을 따서 '나나'라고 불렀어요. 너무 귀여웠어요. 얼굴을 비비면 코를 꽉 물어버리는 포악한 녀석이긴 했지만 (웃음). 과제를 내야 할 때면 나나를 그려서 제출하곤 했죠."

행복은 오래 가지 못했다. 나나가 방광결석으로 고생했다. IMF 시기에 사실상 집안의 가장 역할을 해야 한 이경미 작가가 학원 강사 등 아르바이트를 하며 학업을 병행하던 때. 그러한 처지에서 반려묘의 수술비와 병원비가 짓누르는 무게는 상당했다. 주변에서는 고양이를 버리거나 안락사 시키라고 했다. 물론 그럴 수는 없었다. 세 번의 수술과 회복 과정을 함께 이겨냈다.

"당시 저에게는 아픈 나나에게 좋은 사람이 되는 것이 최우선 목표였어요. 힘들고 버거운 하루하루를 사는 동안 나나는 엄청난 위로가 되어주었으니까요. 다른 사람들에게는 작고 하찮은 동물일지 몰라도 저에게는 가장 소중한 존재였죠. 내 고양이를 지킨다는 마음으로 캔버스에 나나를 그렸습니다. 지구본, 탁자, 캐비닛, 생수통, 유리병 등에도 나나의 모습을 새겼구요."

E.H. Gombrich
THE IMAGE & THE EYE

THE WHY AXIS

COMPACT HOUSES

GESSO
GESSO
ACRYLIQUE

GOLDEN

진심이 통한 걸까. 초기에는 '고양이를 왜 그리느냐'는 냉소적 반응이 대부분이었지만, 점차 작품의 가치를 인정받기 시작했다. 미술 아카이브 플랫폼에 작품이 소개되고 그 인연으로 2005년 첫 전시회도 진행했다. 또 100호 사이즈 캔버스에 나나를 그린 작품을 이스라엘 수집가가 구매하는 일도 있었다. 대학원 졸업 후 2008년 전업작가의 길로 들어섰다. 대표작 <나나 스트리트 Nana Street> 시리즈가 시작된 것이 그 즈음이었다.

"판화가 에셔의 작품 <Still life and street>에서 영감을 받았어요. 사유와 정보를 상징하는 책상과 책, 생명의 원천이자 공포심을 일으키는 물, 어머니를 상징하는 천 등과 더불어 고양이 나나를 넣었죠. 나나는 소외된 존재이자 비주류, 즉 나 자신이기도 했어요. 학창 시절까지 단순히 좋아하는 대상이기에 나나를 그렸다면, 스트리트 시리즈부터는 제가 느끼고 이해한 세계를 나름대로 표현하는 방법으로 나나를 데려온 거죠. 작가로 한 뼘 성장한 단계였달까요?"

2011년부터는 <나나 아스트로 Nana Astro> 시리즈를 시작했다. 모티프는 힘들었던 시절, 나나의 '우주 같은 눈'에서 받은 '광활한 위로'였다. 스티븐 호킹의 <시간의 역사> 등 천문과학 서적에서 얻은 지식을 바탕으로, 지구에서 겪는 번뇌가 제 아무리 크고 무거워도 우주에서 바라보면 먼지보다 작은 것에 불과하다는 종교적 메시지를 더했다.

"학업과 경제 활동을 병행한 시절, 오전 7시에 집을 나서서 새벽 3시가 넘어야 돌아올 수 있었어요. 세상이 잠든 잠든 그때, 나나만이 잠들지 않은 채 저를 지켜봐 주었어요. 초록색도 아닌, 푸른색도 아닌 오묘하고 아름다운 빛을 뿜는 눈으로 말이죠. 나나와 눈을 맞추면 우주를 하염없이 헤매다 마침내 푸른별 지구를 발견한 것 같은 기분이었어요. 그 기억을 살려 나나에게 우주복을 입힌 것이지요."

2008년 결혼 이후 남편의 직장 건으로 한국을 떠나 약 10년 간 미국과 독일에서 지내는 동안에도 나나와 함께했다. 2018년 가족과 함께 다시 한국으로 돌아온 나나는 그해 12월 31일, 스무 살을 하루 앞두고 고양이별로 긴 여행을 떠났다. 북미, 유럽, 아시아를 누비다 마침내는 우주로 향한 것이다.

"어릴 땐 많이 아프기도 했지만 그 뒤로 건강하게 오래오래 살아줘서 고마웠어요. 불가피하게 장시간 비행기를 태워야 할 때마다 너무 걱정이었는데 항상 잘 버텨준 것노요. 나나가 비록 지구에서는 떠났지만 우주 어딘가에 있을 거라는 생각을 하면 위로가 되어요. 곧 나나의 4주기인데, 지금쯤 목성을 지나고 있지 않을까요?"

작업실의 작품들 사이로 치즈 고양이가 뛰어다닌다. 나나를 꼭 닮은, 태풍으로 꼬리를 잃은 유기묘를 입시보호 했다가 입양으로 이어진 '링링'이다. 미국에서 살던 시절 입양한 '쥬디'는 링링과 사이가 좋지 않아서 작가의 집에서 생활한다. 그리고 나나처럼 고양이별로 떠난 '랑켄'과 '나나쮸'까지. 지금까지 다섯 마리 반려묘와 묘연을 쌓은 이경미 작가이다.

"사실 나나쮸는 떠난 지 얼마 되지 않았어요. 나나를 보내고 몇 달 뒤 나나와 비슷하게 생긴 유기묘를 입양해 '나나 주니어'라는 의미로 이름을 붙인 아이였죠. 5살도 안 됐는데 병으로 갑작스레 이별하게 됐어요. '고양이 작가'라는 별칭으로 활동하는 저에게는 피할 수 없는 숙명이라고 생각하지만… 그럼에도 이별을 할 때마다 너무나 마음이 아파요."

나나쮸의 이야기를 전하는 작가의 목소리가 떨리고 눈시울이 붉어졌다. "모든 떠난 존재들은 우주 어디에선가 다시 만날 수 있지 않을까요"라며 희미하게 웃는 그의 주변으로 작업 중인 작품들이 보였다. 우주복 입은 나나 피규어와 캐릭터화(畵)가 가득했다. 그 중 하나와 눈이 마주쳤다. 나나가 찡긋, 윙크를 해주었다. 우주였다.

TELL ME YOUR WISH

그림 발구락 @bal9oorak.pencil / 에디터 박재림

바야흐로 달력의 계절이다. 지인에게 새로운 1년을 전하는 시기. 세상이 갈수록 디지털화 되어가며 아날로그 달력의 존재감이 줄어들었다지만, 그것만이 가지는 낭만의 온도는 여전히 따스하다. 또한 1년 내내 가장 눈에 띄는 곳에 자리하며 365일을 안겨준 이를 떠올리게 한다. 일러스트레이터 '발구락' 작가와 **mellow**의 협업으로 탄생한 달력을 독자님들에게 선물하는 이유이다.

발구락 작가는 주로 강아지와 고양이 등 반려동물을 모델로 작업을 한다. 그만의 뮤즈(Muse)도 있다. '별이'와 '보리', 작가가 반려한 두 푸들이 주인공. 강아지들과 함께하면서 느끼는 행복의 순간들을 모티프로 삼아 작품으로 표현해왔다. 이번 달력 역시 강아지와 고양이가 언제나 함께하는 친구처럼 등장한다.

"월별 분위기, 행사, 계절감 등을 고려해서 콘셉트를 정했어요. 예를 들어 식목일이 있는 4월은 나무를 심고, 바다에 놀러가는 8월은 해녀 복장으로 물질 중인 모습을 그렸죠. 개인적으로는 고양이와 강아지의 엉뚱한 매력이 잘 드러나는 6월과 9월 일러스트가 마음에 들어요! 표지의 당근은 토끼의 해를 의미하는 거예요, 하하."

캘린더(Calendar)라는 영단어의 유래가 된 라틴어 '칼렌다리움(Calendarium)'이 품은 뜻 중 하나가 '흥미 있는 기록'이다. 그래서일까. 우리는 그동안 달력을 받으면 생일, 기념일, 휴가 등 기억하고 싶은 날에 빨간색 동그라미를 쳐왔다. 이것 역시 아날로그 종이 달력만의 매력 아닐까. 이제 당신의 차례다. 다가올 새로운 한 해, 2023년을 마음껏 꿈꾸며 펜을 집어들 시간 말이다.

HAPPY MELL●W NEW YEAR

**MY BUCKET LIST WITH
BELOVED CAT IN 2023**

WELCOME TO
2023

MELL●W SPRING
BUCKET LIST

4월은 까미가 우리 집으로 온 달이니 랜선 친구들 초대해서 성대하게 생일파티 해줄 거야! 우리 까미 오래 살라고 소원도 빌게. 날씨 풀리면 까미 벚꽃 구경시켜주고 싶은데, 밖에 무서워하니까 벚꽃 주워서 보여줄게! 가족사진 다시 찍어보자! 사랑해! 　—@blackrice0429

봄! 따뜻한 햇살이 내리쬐는 날, 레옹이까지 온가족이 모여 사진 찍고 싶어요. 　—@lyznnnee

내년 봄에는 미소랑 치프가 각각 2살, 1살 성묘가 되는 기념으로 도자기 발도장을 한 번 더 찍을 거예요. 둘 다 생후 100일을 전후로 발도장을 찍어 기념으로 간직하고 있거든요. 유약 발라서 구운 도자기 발도장을 만져보면 동글동글한 발바닥 깊이가 느껴져서, 미소와 치프의 어릴 적 말랑촉촉 귀여운 솜뭉치 시절이 새록새록 생각난답니다. 도자기 발도장 말고도 첫 유치, 처음 자른 발톱까지 소중히 간직하고 있어요. 미소, 치프의 아가 시절부터 차곡차곡 보관하고 기록해서 영원히 잊지 않으려고 말이죠. 가끔씩 꺼내 보면 아주 작고 귀여워요. 　—@miso.chief

반려묘 릴리와 매해 벚꽃을 함께 보며 사진을 남겨왔어요. 릴리가 몸이 아픈 이후로 아이와 하는 순간순간이 더욱 간절해지는 것 같아요. 내년에도 꼭 릴리와 벚꽃을 보고 싶어요! 　—@myrjra

8월 여름휴가로 사랑하는 고양이 '몬도' '미오'와 해변으로 놀러가고 싶어요.
물론 고양이들과 여행을 간다는 것이 무지 힘든 일이지만 꼭 해보고 싶은
버킷리스트랍니다. 부산에 일광해수욕장이라고 엄청 조용한 해변이 있는
데, 그곳을 함께 거닐고 싶어요. 언젠가 몬도, 미오와 차박캠핑도 함께 해보
고 싶어요. 장소도 미리 정해 뒀어요. 포항 신항만이라고, 해변의 고양이들
이 아주 여유롭게 살아가는 곳이에요.

— @mondomio_design

얼마 전 친한 친구로부터 얼음공을 만들 수 있는 얼음틀을 선물 받았어요.
얼음을 주면 신나서 한참 가지고 노는 우리집 두 고양이 '호밀이'와 '메밀이'
에게 내년 여름 시원한 얼음공 맛을 보여 줄 거예요.

— @yuneeon

MELL●W SUMMER
BUCKET LIST

내 인생 가장 무더웠던 2012년 여름, 그 중에서도 태양이 가장 뜨거웠던 7월 31일. 그보다 며칠전, 동물병원의 케이지에서 처음 만난 너를 데려오기로 결심한 것이 바로 그 날이었다. 손바닥만한 너를 이동장도 아닌 그냥 크로스백에 넣어 집으로 데려왔고, 도착하자마자 책장 구석으로 달려가 숨어버린 너. 이듬해 여름부터 성묘용 자료를 먹고, 그 다음해에는 '아빠'가 되더니, 어느새 만으로도 최소 열 살이 넘는 묘르신이 되었구나. 덥고, 찝찝하고, 모든 것이 부패하는 계절. 내가 가장 증오하는 계절을, 마냥 싫어할 수 없게 만든 '하키'야. 우리의 12번째 여름은 어떤 모습일지 궁금해. 지금처럼 건강하게 숨 막히는 그 계절을 기다려보자.

— @tomnjamiee

묘연의 시작이 되어준 '해랑'의 생일, 6월 18일을 기념하고 싶어요. 10년 전 부산 영도다리 아래에서 처음 만난 아이죠. 해랑이를 시작으로 여러 고양이, 그리고 고양이를 돌보는 분들과 인연을 쌓을 수 있었어요. 해랑이의 열한 번째 생일을 맞이해서 해랑, 나기, 설기, 그리고 골목길 할머님이 맡기신 한나까지 모두 모여 가족사진을 찍고 싶습니다!

— @haerang_919

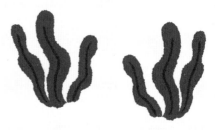

MELL●W AUTUMN
BUCKET LIST

작년 그리고 올해, 인간도, 반려견 시카도, 고양이들도 아팠어요. 내년에는 가족 모두 건강하기만 하면 좋겠어요! 특별한 일 없이 모두 2023년을 건강히 일상을 지내고 싶어요.

　　　　　　　　　　　　　　　　　　　　　　　　　　—@hongjo_k

반려묘와의 생활 일기를 담은 그림책을 엮어서 발매하고 싶어요. 반려묘와의 추억을 평생 간직하고 싶은 마음은 누구나 다 가지고 있을 거예요. 우리의 흔적을 남길 수 있다는 건 참 뜻 깊고 멋진 일 같아요. 생각날 때마다 소중한 앨범을 보듯 꺼내 볼 수도 있고요. 그러기 위해선 내년에는 더 많은 시간을 함께 있어주고 소박한 일상을 함께 즐겨야겠어요.

　　　　　　　　　　　　　　　　　　　　　　　　　　—@nyangsongi

부끄럼 많은 집사 녀석은 버킷리스트 하나 작성하지 못해 끙끙댄다. 몇 번을 썼다 지웠다 하더니 간단히 포기해버리고 휴대폰 게임을 시작했다. 집사 잘못 만난 고양이 팔자려니 하고 나, 호야가 직접 남긴다. 에휴, 꼭 지켜라. 투명 해먹에 간식 좀 넣지 마라. 물론 나도 위험하지 않은 건 안다. 허나 어쩔 수 없다. 너도 그렇듯이 나도 가벼운 고소공포증이 있다. 너의 즐거움을 위해 내가 두려움을 억지로 견딜 순 없다. 한 마디 더 하자면, 너의 SNS 프로필은 충격적이었다. 내 사진이 있는 건 당연한데 메세지가 뭐? 지삐 모르는 새끼?! 지워라 당장! 마지막으로, 난 건강하니 너도 건강해라. ─@okseil

햇살 좋은 가을 날, 반려묘 향이와 단풍 구경을 해보고 싶어요. 보라매 공원 단풍이 참 예쁘거든요. ─@hyang_minhwa

아버지가 남겨 주신 낡은 공간을 고쳐 반려동물들과 함께 찾을 수 있는 작은 취미공간으로 만들고 싶어요. 소소하게 반려동물 이야기도 나누고 책도 읽고 뜨개나 작은 용품들을 만들어 낼 수 있는 공간이면 좋겠어요. 동물 친구들과 산책도 하구요. ─@Kyo_j_stone

MELL●W WINTER
BUCKET LIST

우리 야미는 겨울에 태어난 고양이에요! 내년 12월이면 딱 10살이 되는데요. 그 동안 함께해줘서 고맙다고 성대한 생일 파티를 열어주고 싶어요. 야미가 좋아하는 간식도 먹고 생일 축하 노래를 불러주고 싶습니다. 세상에서 제일 행복한 고양이가 되었으면 좋겠어요!

—@1017.＿＿＿

내년 겨울엔 고양와 밖에서 눈을 구경해보고 싶어요. 한 번도 눈을 직접 만져본 적 없는 집고양이들에게 세상의 아름다운 모습을 보여주고 싶습니다.

—@jooyeonkoh

저와 남편 그리고 고양이 쿠로와 가족사진을 제대로 찍어보고 싶습니다 :)

—@eunji_room

다시 나다. 호야. 꾹꾹이 할 때 듣기 좋은 플레이리스트 짜봐라. 눈 내리는 소리가 들려오는 겨울의 늦은 아침, 침대에 누워 밍기적대는 네 녀석의 가슴을 깔고 앉아서 하는 꾹꾹이, 꽤 재밌다. 도톰한 이불도 있어 손맛이 좋다. 틀어 놓은 음악도 얼추 괜찮은 편이니, 이번에는 박자를 가지고 놀 수 있는 적당한 BPM에 좀 Funky한 노래면 좋겠다. 그나마 믿고 맡길 수 있는 현실적인 바람이다.

—@okseil

2023년 겨울이면 꾸미가 가족이 된 지 2년이 되네요! 지금의 왕쫄보 꾸미도 너무 사랑하지만 좀 더 용감해져서 낯선 스튜디오에서도 겁먹지 않고 밝은 모습으로 가족사진을 찍어보고 싶은 나만의 버킷리스트입니다. 걱정이 하나 있다면 꾸미는 쿨톤, 저는 웜톤이라는 것?(웃음)

—@kkumi_1216

HAPPY MELL●W NEW YEAR

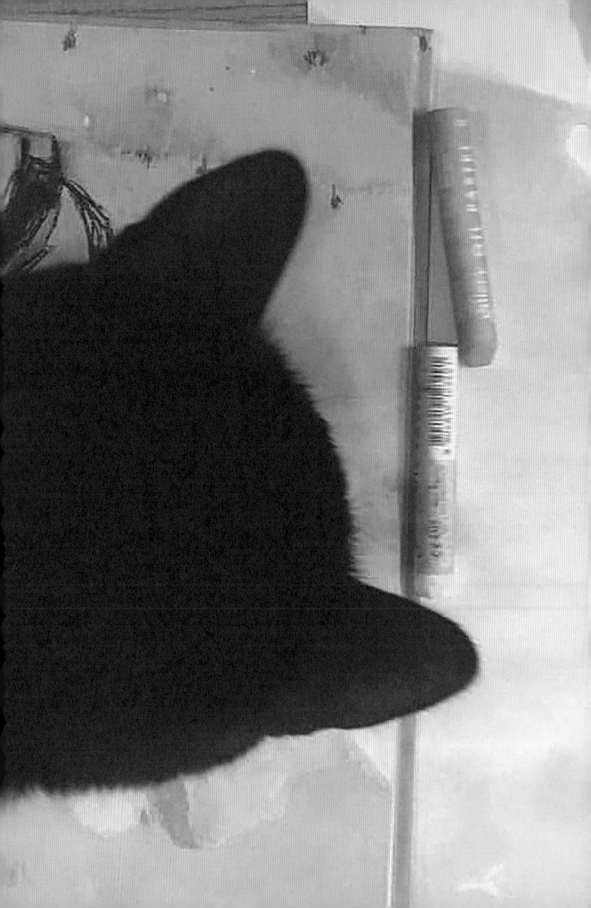

A CAT UNDER THE MOONLIGHT

달빛 아래 고양이

여느 때처럼 오전 그림 수업 준비를 하기 위해 청소를 하는 날이었다. 휴지통을 들고 나와 분리수거를 하고 있었는데 어디선가 아기 고양이의 목소리가 들려왔다. 왜인지 그냥 지나칠 수가 없었다. 주위를 둘러보다 빨간 노끈으로 의자에 묶인 아기 고양이를 발견했다. 경비 아저씨가 나타나 5층 복도에서 발견된 고양이라고, 주인을 찾아주기 위해 묶어 두었다고 하셨다. 그날은 여름의 한복판인 7월이었고, 다음 날엔 태풍이 온다는 소식이 있었다. 그냥 두면 위험할 것 같았다. 조그맣고 마른 몸으로 겁에 질려 울고 있는 아기 고양이. 너무 가여워서 주인이 나타나면 연락을 달라고 말하고 작업실로 데리고 왔다.

글·사진 김정은 @dalgrimm_kiki / 에디터 박조은

작업실에 온 아기 고양이는 배가 고픈지 계속 울었다. 고양이와 함께 살아본 적이 없었던 나
는 급하게 고양이를 키우는 지인에게 도움을 요청했다. 고맙게도 바로 화장실과 사료를 나
눠준 분이 있었다. 아이에게 사료를 주자마자 허겁지겁 먹는 모습을 보니 며칠은 굶은 듯했
다. 그렇게 시간이 지나갔고, 그동안 주인은 나타나지 않았다. 두 달만 더 데리고 있으며 입
양처를 찾아 주기로 했다. 그런데 막상 아이를 모르는 사람에게 보내려고 하니까, 혹시나 나
쁜 사람이 데리고 가면 어쩌나 걱정이 되었다. 계속해서 고민을 하다가 두 달이라는 시간이
지나갔고, 그동안 정이 들어 자연스럽게 입양을 결심했다. 지브리 스튜디오의 영화 <마녀배
달부 키키>에 나오는 고양이 캐릭터와 얼굴이 닮아서 '키키'라는 이름을 지어줬다. 그렇게
우리의 동거가 시작되었다.

내 작업실 이름은 '달 그림'이다. 워낙 밤하늘의 달을 좋아하기도 하고 달달하고 따뜻한 그
림을 그리고 있기 때문에 이렇게 지었다. 그림을 가르치고 사람들과 모여서 담소도 나누는
사랑방 같은 공간이다. 이 곳에 키키가 들어왔다. 워낙 사람들을 좋아하고 애교가 많은 성격
인지라, 작업실에 오는 모두에게 한 사람 한 사람 인사를 하곤 한다. 처음 본 사람에게도 얼
굴을 비비고 골골송을 부르며 만져 달라고 하는 성격 좋은 고양이다. 수강생 중에는 고양이
를 처음 접하는 분들도 계셨는데 고양이가 원래 이런 동물이냐며 크게 놀라셨다.

그림을 그리러 오는 게 아니라 키키를 보러 온다고 말하는 분도 많아졌다. 그 모습을 보고 한 수강생분이 키키에게 영업 실장이라는 직책을 붙여줬다. 사람의 마음을 영업한다며. 키키는 그 뒤로 달 그림 작업실의 '키실장님'으로 불린다. 키실장님의 주업무는 수강생에게 즐거움과 힐링을 주는 것이다. 기분이 좋은 날에는 특별히 골골송을 불러 주시기도 한다. 도화지와 캔버스가 펼쳐져 있는 책상 위에서도, 그림을 밟지 않고 지나다니는 내공을 지니셨다. 할 일을 톡톡하게 해내며 지금도 열심히 일하고 있다.

수업이 없을 때 나는 수채화와 아크릴로 일러스트레이션을 그린다. 작업은 혼자서 하는 편인데, 가끔씩은 심심하기도 하고 외로울 때도 있었다. 그런데 키키와 함께한 이후부터는 혼자였던 적이 없다. 함께한 지 벌써 5년의 시간이 흘렀지만 변함없는 키키가 있어 든든하다. 키키를 안고 있으면 힘들었던 일들은 눈 녹듯 사라지고 따뜻한 체온만이 남아 마음을 편안하게 위로 해준다. 항상 옆에 있는 너무나 따뜻한 존재에 대한 고마운 마음을 그림에 담고 싶었다. 어느 순간부터 내 그림에는 키키가 주인공으로 등장하기 시작했다. 한 여름, 길 위에서 만난 아기 고양이는 그렇게 나의 뮤즈가 되었다.

GOSOMIs,
We Are Looking
For Our Family

오랜만에 딸과 부둣가 근처에 있는 단골 선술집에 놀러간 날이었어요. 부둣가이다 보니 가게 근처에 고양이들이 정말 많았죠. 사장님과 직원분도 다들 고양이를 예뻐하셔서 늘 다양한 길고양이들이 상주하며 지내고 있었어요. 그런데 그날은 가게 앞에 작은 고양이 한 마리가 힘 없이 웅크리고 있더라고요. 사장님 말씀이 얼마 전부터 이 친구가 가게에 자주 온다는 거예요. 몸이 안 좋은가보다 싶어서 츄르를 하나 뜯어 줬어요. 그렇게 눈을 맞추던 순간, 부른 배가 눈에 들어왔어요. 아이를 가졌더라고요. 그런데 갑자기 고양이가 자기 좀 데려가라는 듯 골골거리며 누워 버리더니, 힘없이 제 품에 안겨서는 바로 머리를 부비며 옹알옹알 정신없이 치대는 거예요. 도저히 혼자 두고 올 수가 없더라고요. 사장님은 이미 한 번 출산 경험이 있는 길고양이니까 너무 걱정하지 말라고 말리셨지만, 길 위에서 아이를 가진 채 너무 지치고 힘들어 보이는 모습에 말씀드리고 집으로 데리고 왔어요. 이때 우리 집에 온 고양이가 바로 여덟 마리 새끼를 뱃속에 품고 있던 엄마 '수수'였죠.

다음날 병원에서 초음파와 엑스레이 검사를 진행했어요. 수의사 선생님의 육안으로만 확인되는 아기는 총 일곱. 정확하지는 않지만 한 마리가 더 있을 수도 있어서 최대 여덟 마리 아이를 낳을 것으로 예상했어요. 다만 수수의 건강 상태로 보아 두 마리 정도는 태어나자마자 고양이별로 갈 수도 있다는 말을 들었어요. 모유도 충분치 않을 테니 분유도 준비하라고 하셨죠. 그렇게 집에 돌아와서 급히 분만실을 만들었어요. 고양이의 출산을 돕는 건 처음이라 유튜브를 찾아보며 이것저것 응급상황에 대해서도 준비를 하고 있었어요. 그러던 중, 갑자기 수수의 양수가 터지더니 첫째가 태어나기 시작했어요! 오랜 시간이 걸려서 여덟째 막둥이까지 무사히 출산을 마쳤답니다. 2022년 8월 12일, 그렇게 여덟 '고소미'들 모두 건강한 모습으로 세상과 처음 만나게 되었어요. 길 위에서의 생활이 녹록지 않았을 텐데 수수의 깊은 모성애로 아이들을 지켜낸 거예요. 나중에 소식을 들은 수의사 선생님께서도 기적 같은 일이라며 수수를 칭찬해 주셨습니다. 올해 만난 길고양이들 중 역대급 다산이라는 말씀과 함께요(웃음).

얼마 지나지 않아 고소미들 중 '귀리'와 '보리'가 대구로 입양을 갔어요. 유쾌하고 따뜻한 엄마 아빠와 만나게 되었죠. 연이어 '메밀'이는 제주도에서 멋진 아빠와 삼색이 누나를 만났고요. 무엇보다 모두가 입양되기 어려울 거라며 걱정하던 고소미들의 엄마, 수수도 서울에서 평생 엄마를 만나 외동딸로 사랑받으며 너무나 행복한 제2의 묘생을 살아가고 있답니다. 그렇게 지금은 다섯 고소미들이 남아있어요. 동글동글한 외모만큼이나 성격도 순한 '완두'와 '호두', 하나 남은 귀한 딸이자 까칠한 공주인 '녹두', 일곱째와 여덟째로 태어난 막둥이 '땅콩이'와 '찹쌀이'까지. 남은 고소미들은 미모를 뽐내며 폭풍 성장 중이랍니다. 수수를 비롯해 먼저 다정한 가족을 만난 아이들이 행복하게 지내고 있는 만큼, 남은 아이들에게도 오래도록 함께해 줄 가족이 곧 나타나리라 믿고 있어요.

글·사진 정의정 @famillysusu_adopt / **에디터** 박조은

호두♂ / 2022년 8월 12일생 / 1.5kg
코리안쇼트헤어

"아침에 눈을 뜨면 매일매일 세상이 궁금해요. 여기
저기 흔적을 남기고 다녀서 장난꾸러기라고 불리지
만, 저랑 같이 놀면 확실히 재밌을 거예요. 에코 빵빵
한 큰 목소리로 외쳐봅니다. 나랑 놀자!"

녹두♀ / 2022년 8월 12일생 / 1.2kg
코리안쇼트헤어

"남은 고소미들 중 유일한 공주예요. '매너가 사람을
만든다' 이 말 아시죠? 저는 차분히 있는 게 좋으니까
다들 조용히 좀 해주시고요. 제가 좀 새침해도 이해
해 주세요. 가끔 다가가서 예쁘게 올려다볼게요."

땅콩슝 / 2022년 8월 12일생 / 1.3kg
코리안쇼트헤어

"제 등에 있는 선명한 T자 좀 보세요! 다른 고소미들
한테는 없는 무늬예요. 멋지지 않나요? 특별한 무늬
만큼 성격도 특별하게 밝다는 말을 많이 들어요. 캣
타워에서 가장 먼저 뛰어내린 봉감한 고소미도 저에
요. 소중한 묘생 한 번뿐인데 유쾌하고 명랑하게 살
아야죠!"

**찹쌀♂ / 2022년 8월 12일생 / 1.2kg
코리안쇼트헤어**

"귀여운 막둥이 찹쌀이에요. 엄마가 일곱째 아가를
낳고 끝인 줄 알았대요. 근데 30분 후에 제가 뿅 하고
또 나왔어요. 제일 쪼끄맣게 태어나는 바람에 사실은
세상이 조금 무서웠었어요. 근데 맘마가 너무 맛있더
라고요? 신나게 먹다 보니 이제는 형아 누나들이랑
똑같이 씩씩해졌어요!"

**완두♂ /2022년 8월 12일생 / 1.5kg
코리안쇼트헤어**

"동글동글 통통한 얼굴만 귀여운 줄 알았죠? 성격도
전형적인 개냥이에요. 사람이 좋아요! 밥을 줄 때나
화장실을 치워 줄 때는 조심하는 게 좋을 거예요. 허
리를 숙이자마자 등에 업혀서 참견할 거니까요."

사지 말고 입양하세요

똑 똑 똑

자동차 타기 전 보닛을 가볍게 두드리기

쿵 쿵 쿵

좌석에 앉은 후 크게 발 구르기

빵 빵 빵

짧게 경적을 울리고 시동 걸기

포스터 디자인 보노킴 @bonokim.kr / 에디터 박재림, 박조은

한 번만 똑똑똑

고양이의 체온은 약 38~39도. 사람보다 2도 내외로 따스한 존재다. 겨울이면 추위를 더 탈 수밖에 없다. 길고양이라면 더더욱. 차가운 계절을 대비해 열심히 털을 찌우지만 송 곳처럼 파고드는 북풍은 너무 무섭다. 하수구 속으로 몸을 피하기도 하고, 버려진 담요 나 스티로폼 안으로 숨기도 한다. 그리고 '양날의 검' 같은 장소가 있다. 자동차의 엔진 룸이다. 주차된 자동차의 바닥에 있는 구멍으로 들어가 바람을 피하며 꽁꽁 언 몸을 녹 일 수 있다. 겨울밤을 보내며 잠에 빠진다.

문제는 아침이다. 자동차의 주인은 그 사실을 알 수 없다. 평소처럼 시동을 걸고, 그와 동시에 자동차의 내부 기관이 돌아가기 시작한다. 미처 빠져나오지 못한 고양이는 그대 로 끔찍한 사고에 노출된다. 당연히 자동차 주인 역시 피해자다. 예상치 못한 사고의 목 격자가 되고, 차량도 손상된다. 때로는 교통사고로 이어질 수도 있다. 피해가 눈덩이처 럼 불어난다.

안타까운 사고를 예방할 수 있는 아주 간단한 방법이 있다. 자동차의 시동을 걸기 전, 잠 든 길고양이를 깨워주는 것이다. 보닛을 똑똑똑 두드리거나, 좌석에 앉아 발을 쿵쿵쿵 구르거나, 가볍게 빵빵빵 경적을 울려주면 된다. 소리에 예민한 길고양이들은 금세 자 동차 밖으로 뛰쳐나갈 것이다. 불의의 사고로부터 운전자도, 길고양이도 무사히 탈출하 는 셈이다.

도시 동물과 인간의 공존을 위해 지난 겨울에 이어 이번 겨울에도 '한 번만 똑똑똑' 캠페 인을 진행한다. 참여 방법은 어렵지 않다. 보노킴 작가와 mellow의 컬래버레이션으로 탄생한 일러스트 포스트를 많은 사람이 볼 수 있는 장소에 붙이는 것. 주차장, 공원, 자 주 가는 카페, 혹은 집 안 어디든 좋다. 겨울철에는 자동차 안에 잠든 길고양이가 많다는 사실을, 그들을 깨움으로써 모두의 불행을 사전에 막을 수 있다는 사실이 보다 널리 알 려지길 바란다.

KNOCK
KNOCK
KNOCK

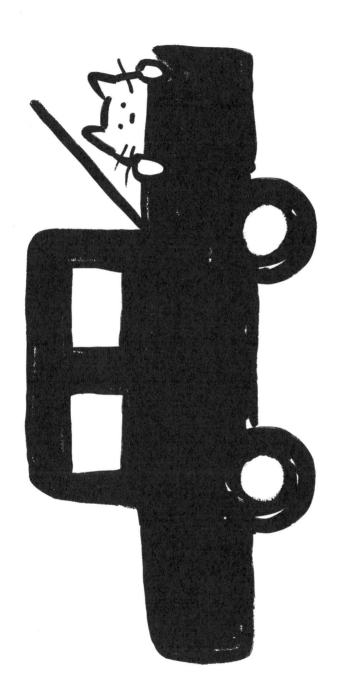

I'm sleeping here.
Please wake me up.

Bonokim × nellow

발행처
Inc.펫앤스토리

Publisher
옥세일 Seil Ok

Contents Director
김은진 Eunjin Kim

Senior Editor
조문주 Munju Jo
박재림 Jaelim Park

Editor
박조은 Joeun Park
최진영 Jinyoung Choi

Photographer
김시윤 Siyoon Kim
안진환 Jinwhan Ahn

Art Direction & Design
김은진 Eunjin Kim

Senior Designer
최형윤 Hyeongyun Choi

Designer
권부연 Buyeon Kwon

Sales & Distribution
이재호 Jaeho Lee

Management Support
정선국 Sunkook Jung
안시윤 Siyun An

Publilshing
Inc.펫앤스토리
도서등록번호 제 2020-00135호
출판등록일 2005년 3월 17일
ISSN 2799-5399
창간 2010년 9월 14일
발행일 2022년 11월 24일

Inc.펫앤스토리
경기도 용인시 수지구 신수로 767
분당수지유타워 A동 2102호
767, Sinsu-ro, Suji-gu, Yongin-si,
Gyeonggi-do, Republic Of Korea

광고문의
mellowmate@petnstory.com
070 8671 3423

구독문의
mellowmate@petnstory.com
070 8671 3423

Instagram
magazine_mellow

Web
mellowmate.co.kr